KB043385

성공하는 리더는
어떻게 말하는가

성공하는 리더는
어떻게 말하는가

부하의 기를 살리는
상사의 말 한마디

요시다 유키히로 지음 | 류순미 옮김

더봄

성공하는 리더는
어떻게 말하는가

제1판 1쇄 인쇄 2018년 12월 6일
제1판 1쇄 발행 2018년 12월 10일

지은이 요시다 유키히로
옮긴이 류순미
펴낸이 김덕문

기획 노만수
책임편집 손미정
디자인 블랙페퍼디자인
마케팅 이종률
제작 백상종

펴낸곳 더봄
등록번호 제399-2016-000012호(2015.04.20)
주소 12088 경기도 남양주시 별내면 청학로중앙길 71, 502호(상록수오피스텔)
대표전화 031-848-8007 **팩스** 031-848-8006
전자우편 thebom21@naver.com
블로그 blog.naver.com/thebom21

한국어 출판권 ⓒ 더봄, 2018

ISBN 979-11-88522-33-0 03190

목차

프롤로그 8

서장
긍정적으로
생각하자 13

1 긍정적인 생각은 원활한 소통의 기본 15

1장
부하가 편하게
얘기할 수 있는
호응법 19

1 부하의 기를 살려주는 추임새 21

2장
부하의 의견을
이끌어내는
질문법 29

1 설명하는 요령이 아직 부족할 때 31

2 안 좋은 소식을 보고 받았을 때 35

3 좀처럼 의견을 내지 못할 때 40

4 샛길로 빠지거나 장황한 이야기를 끊어야
할 때 44

3장
부하의
자신감을
북돋우는
칭찬법 47

1 어떤 상대라도 받아들이는 칭찬법 49

2 '라벨 칭찬'으로 부하의 사기를 더욱
높이는 법 52

3 '트라이앵글 칭찬'으로 신빙성을 높이자 55

4 칭찬하려면 사람들 앞에서 하라 59

5 '감탄사 칭찬'으로 의욕을 북돋아주자 63

4장

**부하가
흔쾌히
들어줄 수 있는
부탁법** 67

1 손님이 찾아와 직원에게 차를 부탁하고
싶을 때 69

2 급한 일에 도움을 받고 싶을 때 72

3 자료작성을 부탁할 때 75

4 특정 부하에게 프로젝트를 맡기고 싶을 때 78

5 경험을 쌓게 하고 싶을 때 81

6 업무를 맡기고 싶은 부하가 자신 없어 할 때 84

7 실적이 좋은 영업사원에게 더 큰 활약을 기대
할 때 87

5장

**부하의 사기를
끌어올리는
격려법** 91

1 제안이 부결된 부하에게 93

2 실수로 인해 의기소침해진 부하에게 96

3 열심히 했는데도 결과가 좋지 못한
부하에게 100

4 프로젝트를 맡겼는데 앓는 소리를 하는
부하에게 104

6장

**부하에게
의욕과
깨달음을 주는
소통법** 109

1 실적이 나쁜 부하에게 111

2 실적은 좋지만 팀워크를 생각해 주었으면
하는 부하에게 115

3 열심히 하는데도 성과가 없는 부하에게 119

4 좀처럼 발전이 없는 부하에게 122

5 내용이 엉성한 기획서를 작성해 온
부하에게 126

6 나이도 많고 경험도 풍부하지만 좀더
분발했으면 하는 부하에게 130

7 추진력은 있으나 마무리가 약한 부하에게 134

8   개인 능력은 출중하지만 팀워크가 부족한
    연상의 부하에게 138

9   차세대 리더후보이지만 자기만 생각하는
    부하에게 142

10 숨은 공로자인 부하에게 145

11 업무 마감에 늦는 부하에게 149

12 필요 이상으로 완벽을 추구하는 장인 타입의
    부하에게 154

13 같은 실수를 계속 반복하는 부하에게 158

14 말만 앞세우고 행동하지 않는 부하에게 162

15 근거가 빠진 제안을 하는 부하에게 166

16 기존의 규칙에 사로잡혀 새로운 발상을
    못하는 부하에게 169

17 반론은 하지만 구체적인 의견이 없는
    부하에게 173

7장
부하의 행동을
개선시킬 수 있는
효과적인
질책법 177

1   말머리에 쓰면 효과적인 완곡 화법 179
2   칭찬하면서 꾸짖는 '샌드위치 화법' 183
3   반발하는 부하에게 186
4   꾸짖어도 변하지 않는 부하에게 190
5   금방 주눅 드는 소심한 부하에게 193
6   좀처럼 행동으로 옮기지 않는 부하에게 197
7   억지만 부리는 부하에게 201
8   프로젝트에 열심인 나머지 평소 업무에
    소홀한 부하에게 205
9   타인에게 책임을 돌리는 부하에게 209
10 너무 심하게 혼을 낸 부하에게 212

작가의 말 215

프롤로그

당신이 거래처에서 큰 실수를 했다고 가정해 보자. 상사에게 업무 보고를 하자마자 다음과 같은 질책을 받았는데, 당신이 부하라면 어느 쪽이 더 좋을까?

1. "애 많이 썼고 업무 보고 고맙네. 어떻게 된 일인지 자세히 말해주겠나?"
2. "도대체 뭐하고 다니는 거야! 어쩌다 그 지경이 된 건지 말해봐."

대부분의 사람은 1번을 고르지 않을까? 1번은 노고를 치하하고 있는 데 반해, 2번은 부하를 다그치는 방식을 쓰고 있기 때문이다.

1번이냐 2번이냐에 따라 부하의 반응도 크게 달라진다. 받아들이는 느낌이 전혀 다르기 때문이다. 그런데 사실 말하는 내용은 똑같다.

이처럼 같은 내용이라 해도 말하는 방식, 다시 말해서 '표현'만 바꾸면 부하에게 전달되는 느낌은 크게 달라진다.

지혜로운 '표현'을 몸에 익히면 소통도 원활해지고 부하의 사기도 높일 수 있다.

잠시 필자의 경험담을 들려드리고자 한다.

필자는 현재 연수, 세미나, 컨설팅과 같은 자리에서 업무 상대와 소통을 원활하게 하려면 어떤 표현을 써야 좋을지에 대해 강의하고 있다.

하지만 과거의 필자는 말투에 문제가 많은 사람이었다. 다음과 같은 식으로 대하다 보니 부하와의 관계가 좋지 못했던 것이다.

- 실수를 연발하는 부하가 업무 보고를 하러 왔을 때 "정신 못 차려? 그렇게 해서 무슨 일을 하겠어! 사표 써!"라고 호통을 침
- 이틀이나 밤을 새워 기획서를 작성해 온 부하에게 "이런 쓰레기 같은 기획서를 야근까지 해가며 만들었다고? 야근수당이 아깝군!"이라고 말함
- 업무 보고를 하러 왔으나 요령을 터득하지 못한 부하에게 "도대체 무슨 말인지 못 알아먹겠네. 자네는 국어시간에 뭐했나?"라고도 말함
- 실수를 하고 사기가 떨어져 있는 부하에서 "다들 웃더군!" 하고 아

픈 곳을 찌름

- 기껏 좋은 아이디어를 제안한 부하에게 "규칙이 그래. 회사 규정이라 안 돼!" 하며 일축
- 실적이 부진한 부하에게 압박용으로 "왜 실적이 안 오르는 거야?" 라며 "왜"라는 단어를 연발하면서 다른 사람들 앞에서 몰아세움
- 모의프레젠테이션에서 신입들에게 단점만을 지적

상사는 시종일관 위압적인 태도를 고수하고, 부하가 말을 잘 듣게 하려면 호통을 쳐서 공포감을 심어줘야 하며, 부하를 칭찬하면 일을 제대로 못 배우는 데다, 부하는 상사의 졸병이라고도 생각했다. 그래서 심한 말을 가리지 않고 했던 것이다.

그 결과 다음과 같은 사태가 발생했다.
- 한 달 사이에 부하 4명이 동시에 퇴사
- 좌천인사 3회 경험
- 연봉 하향 조정 3회 경험
- '보연상'(보고-연락-상담)이 줄면서 뒷방늙은이 신세가 되어 주요 거래처가 끊김
- 부하는 자신의 실수를 감추게 됨

이러한 상태가 지속되면서 고민만 하다가 결국 위염으로 입원까지 하고 말았다. 입원해 있는 동안 '이대로는 안 되겠다' 하고 크

게 반성하고는 다시 시작하기로 결심했다. 다양한 세미나에 참가하며 연간 500권 이상의 책을 읽고 커뮤니케이션에 대해 무조건 열심히 배웠다.

덕분에 극적으로 영업실적을 개선할 수 있었고, 다시 관리자로 승진했다. 예전의 위압적인 태도에서 '부하를 인정하는 매니지먼트'로 전환함으로써 퇴사율을 10퍼센트로 감소시켰고, 매출 역시 전년도 대비 20퍼센트 상승을 유지하며 3년 연속 MVP로 선정되는 성과를 거둘 수 있었다.

이러한 과정을 거치며 같은 말을 하더라도 표현하는 방식에 따라 '상대가 받아들이는 태도'에 큰 차이가 있다는 것을 깨달았다. 말하는 방식, 다시 말해서 상대가 납득하기 쉽게 '표현'한다면 부하도 사기가 높아져 자발적으로 움직여 준다는 것을 알게 되었다.

이와 같이 '부하의 사기를 높일 수 있는 표현'을 지금까지의 경험을 살려 책으로 엮어보았다. 호응하는 법, 질문하는 법, 칭찬하는 법, 부탁하는 법, 격려하는 법, 소통하는 법, 질책하는 법으로 나누어 총 7장으로 구성했는데, 읽는 순서는 뒤바뀌어도 상관없다.

필자는 부하와의 관계에 상당히 애를 먹었다. 동시에 부하에게 많은 실례를 범했다. 하지만 여러분은 나와 같은 경험을 하지 않으셨으면 좋겠다.

부하의 마음을 움직이는 상사의 말이 있을 때 부하는 사기가 높아져 최고의 능력을 발휘하고, 그 결과 상사는 최고의 팀을 얻을 수 있다.

이를 목표로 '지혜로운 표현'을 배워보지 않겠는가.

자, 그럼 이제 시작하자.

서장

긍정적으로
생각하자

1 긍정적인 생각은 원활한 소통의 기본

　인간은 무의식적으로 상대의 장점보다는 단점을 먼저 보기 마련이다. 특히 상하관계라면 더욱 그렇다. 일반적으로 상사는 부하보다 경험이나 지식이 풍부하므로 자신을 기준으로 생각하다 보면 부하의 부족한 면만 눈에 들어오게 된다.

　무의식중에 부하에게 호통을 치거나 짜증 섞인 태도로 일관하고 있지는 않은가. 이것은 부하의 단점만 보고 있었기 때문인데, 이래서는 부하가 실력발휘를 제대로 할 수 없을 것이다.

　생각해 보자. 사실 장점과 단점은 동전의 양면과 같다. 긍정적으로 볼지, 부정적으로 볼지는 상사에게 달려 있다. 부정적인 것도 사고를 전환하면 긍정적으로 받아들일 수 있다.

　여기서 긍정적인 것과 부정적인 것은 도대체 어떤 상태를 말하는지 확인해 보자.

부정적인 것은 자신이 정신적으로 궁지에 몰려 있을 때 한 방향으로밖에 생각할 수 없는 상태를 말한다. 이 상태로는 부하를 부정적인 시선으로만 보게 된다.

한편 긍정적인 것은 어떠한 일을 다각적으로 볼 수 있어 다양한 사고가 가능한 상태를 말한다. 이 상태라면 시야도 넓어져 유연하게 부하를 대할 수 있다.

상사는 항상 긍정적 사고를 지녀야 한다. 물론 부하에게 불만도 있을 것이다. 단점도 보일 것이다. 하지만 긍정적으로 생각하면 부하의 장점도 눈에 보여 의욕을 이끌어내는 표현도 가능해진다.

그러지 않고 부정적인 사고로 일관한다면 부하의 사기를 떨어뜨리는 부정적인 표현을 쓰게 된다. 상사는 어떠한 상황에서도 침착하게 상황을 직시해야 한다. 여기에는 다면적 사고가 필요하다. 따라서 긍정적인 사고를 가져야 한다.

여러분 중에는 부하가 실수를 연발해서 단점만 보인다는 의견도 있을 것이다.

그런 경우에도 긍정적으로 생각해야 한다. 어차피 사람은 누구나 잘하는 것과 못하는 것이 있기 마련이다. 그것은 동전의 양면과 같아서 관점을 달리하면 된다.

예를 들어보자.

진득하지 못하다 → 왕성한 호기심

새로운 일에 도전하지 않는다 → 확고하다

사소한 일에는 전혀 신경 쓰지 않는다 → 배려심이 많다

핑계를 댄다 → 논리적

되는 대로 한다 → 임기응변

경험이 적다 → 고정관념에 얽매이지 않는다

이렇듯 관점을 달리하면 긍정적인 사고가 가능해진다. 부정적인 사고는 좋을 게 없다. 긍정적으로 생각하도록 하자.

긍정적 사고는 원활한 소통의 기본이다. 부하를 보는 넓은 시야를 가지고 있어야 올바르게 질문하고, 칭찬하고, 부탁하고, 격려하고, 소통하고, 질책할 수 있다.

자, 그렇다면 이제 본론으로 들어가자.

1장

부하가 편하게 얘기할 수 있는 **호응법**

오, 그렇군!

1

부하의 기를
살려주는 추임새

○ → "그렇군."

○ → "그랬는데?"

○ → "흥미롭군."

X → "뭐 그렇다 치고."

X → "그건 알아."

대화를 통해 부하에게 안심을 하게 하는 기본은 우선 이야기를 듣고 그것을 받아주는 것이다. 자신의 이야기를 상사가 경청해주고, 인정해 준다고 느낄 수 있게끔 해야 한다.

그렇지 않으면 부하와의 신뢰관계는 좀처럼 구축될 수 없다. '보연상'(보고-연락-상담)은 올라오지 않을 테고 팀으로 제대로 기능할 수 없다.

이럴 때 필요한 것이 '추임새'이다. 간단한 추임새라도, 의식해서 적절하게 사용한다면 좋은 무기가 될 수 있다. 한편 잘못 사용했다가는 신뢰관계가 엉망이 돼버린다. 무심코 내뱉는 추임새가 아니라 적절하게 쓰기 위해 포인트를 익혀두자.

좋은 추임새는 크게 6가지로 나눌 수 있다.

❶ 편한 분위기를 만드는 가벼운 추임새

'그래', '우와', '저런', '그렇지' 등이다. 추임새로 가볍게 호응하면서 편한 분위기를 만든다. 주의할 점은 상대가 말하는 속도에 맞춰야 한다는 것과 '그래, 그래, 그래', '저런, 저런, 저런'하는 식으로 여러 번 반복해서는 안 된다는 것이다.

3회 이상 같은 말을 하게 되면 부정의 의미로 받아들일 수 있기 때문이다. '알았으니까 빨리 끝내'라든지 '일단 들어는 줄게'와 같은 의미가 될 수 있으니 주의해야 한다.

❷ 이야기를 부추기는 추임새

① "그렇군."

상대의 이야기나 가치관이 자신과 다를 때 쓸 수 있는 추임새이다. 찬성할 수는 없어도 완전히 반대하지는 않을 때 쓰면 좋다. 불쾌감을 주지 않는다.

정리하자면 '찬성은 아니지만 반대할 이유도 없다. 조금 더 부하의 의견을 이끌어내고 싶다'고 생각한다면 이 추임새가 효과적이다.

② "그 다음은?", "그래서?"

부하의 의견을 좀더 듣고 싶을 때 쓰면 좋다. 이 추임새를 쓰면 부하는 '내 의견에 관심이 있다'는 사인으로 인식한다.

❸ 공감하는 추임새

① "재밌는걸", "흥미로운걸"

부하의 의견을 더 듣고 싶을 때 쓰면 좋다. 부하는 '재미있다'는 말을 들으면 자신의 의견이 긍정적으로 받아들여지고 있다는 사실에 신이 나서 이야기를 하게 된다.

② "자네 말이 맞아"

부하의 의견에 동의를 표하고 싶을 때 쓰는 추임새이다.

❹ 인정하는 추임새

① "잘 알고 있지"

불평을 토로하는 부하. 설령 그에게 잘못이 있다 하더라도 우선 이렇게 말해보자. 상사에게 '자네 기분은 이해가 가'라는 말을 들으면 부하는 일단 상했던 기분이 풀어질 것이다.

부하는 자신의 이야기를 들어주길 원한다. 불평은 하지만 반드시 해결책을 바라는 것은 아니다. 그저 이야기를 들어주는 것만으로도 대부분 만족한다.

② "그거 속상하겠군"

부하가 고민을 상담해 오면 가장 중요한 것은 일단 그의 기분을 알아주는 일이다. '그것 참 속상하겠군' 하며 상대의 기분을 헤아려주면 '이분은 내편이구나, 걱정해주시는구나' 하고 신뢰하는 마음을 갖게 된다. 덕분에 '보연상'도 활발해질 것이다.

③ "그것 참 안 됐군", "실망했겠는걸"

부하의 실패나 경쟁에 져서 속상한 일이 있을 때 유용한 추임새이다. 속상한 기분을 알아주고 함께 나눔으로써 상대도 기분이 나아져 금방 털고 일어날 것이다.

❺ 정반대 의견을 받아주는 추임새

① "그런 발상도 가능하겠군", "그런 게 있었군"

부하가 낸 의견이 보잘것없더라도 단칼에 자른다면 반감을 사게 될 것이다. '애써 준비한 건데 다 듣지도 않고 단칸에 잘릴 거라면 차라리 안 하는 게 낫겠다'는 무력감에 빠질지도 모른다. 아무리 보잘것없는 의견이라도 긍정적인 추임새를 쓴다면 부하는 재도전할 의욕이 생길 것이다.

② "놀라운데?"

'미처 몰랐네', '처음 보는걸'이라는 의미로 받아들일 수 있다. 부하는 자신의 의견이 가치 있었다는 만족감을 얻는다. 앞으로 더욱 적극적으로 의견을 낼 것이 틀림없다.

❻ 앵무새 화법 추임새

자신의 의견과 정반대 의견을 부하가 제시했을 때 그 말끝을 그대로 되풀이해서 추임새를 넣는 방법이다. 상사가 자신이 한 말을 되풀이하는 걸 들으면 부하는 관심을 가져준 것이라 생각하게 된다. 또한 상사 역시 의견을 묵살하지 않고 평정심을 유지할 수 있다.

부하 "이번 연수는 로스앤젤레스보다 뉴욕이 좋지 않을까요?"

상사 "뉴욕이 좋다……. (본심은 로스앤젤레스지만 잠시 틈을 주었다가) 뉴욕을 추천하는 이유가 있나?"

다음은 삼가야 할 추임새에 대해 알아보자.

① "과연 그럴까?"

의견에 절대 반대. 듣고 싶은 마음이 조금도 없음을 암시하는 추임새이다. 상대는 무시당했다는 생각이 든다.

② "그건 누구나 다 아는 얘기고"

상사는 부하보다 지식과 경험이 많다. 따라서 부하와 대화를 하다 보면 상사 입장에서는 모두 아는 이야기일 수 있다. 그래서 무심코 '그건 누구나 다 아는 얘기고'라고 말해버리지는 않는가. 그런 말은 순식간에 대화의 흥을 깨는 결과를 초래할 뿐이다.

③ **"그럴 리가", "절대로", "에이 진짜?", "설마"**

이 또한 지식과 경험이 풍부한 상사라면 무심코 쓰게 되는 추임새이다. 상사는 자신이 지금껏 경험한 것이나 배운 것을 토대로 상대의 의견을 들으려 한다. 그러다 보니 자신보다 지식이나 경험치가 적은 부하의 새로운 의견에 대해서는 회의적이기 마련이다. 특히 자신감 넘치는 상사에게 흔히 볼 수 있는 특징이다. 이런 일이 계속된다면 부하로부터 더 이상 의견을 들을 수 없게 될지 모른다. 혁신은 언뜻 비상식적으로 보이는 것에서 시작한다는 것을 잊지 말자. 의견을 일축해 버린다면 혁신의 기회 또한 사라지고 말것이다. '그런 발상도 할 수 있겠군', '오호, 그렇군!' 하며 먼저 의견을 들어주자.

④ **"그런데", "어차피", "나 원 참"**

이 세 단어를 '부하의 사기를 꺾는 3종 세트'라 부른다.

"근데, 아직 실적이 없단 말이지."
"어차피 안 된다니까."
"나 원 참, 전에도 안 된다고 했잖아."

이러한 부정적인 단어를 쓰는 순간 대화는 끊기고 만다.

⑤ **"뭐라는 거야?"**

부하가 의견을 말하는 요령을 아직 터득하지 못했을 때 무심코 던질 수 있는 말이다. '말도 안 되는 소리 그만해'라는 뜻으로 들린다. 부하 입장에서는 심하게 자존심을 다칠 수 있는 위험한 말이다.

자신이 신입이었을 때를 떠올려 보자. 제대로 설명을 못했던 사람도 있을 것이다.

그렇다면 '뭐라는 거야?' 대신 '이 부분을 좀더 자세히 설명해 주겠나?'라고 부드러운 말로 바꿀 수 있지 않을까.

⑥ "뭐 그렇다 치고"

부하의 의견에 납득이 가지 않으니 억지로 화제를 바꾸려는 추임새이다. 말하는 입장에선 별 뜻 없이 던진 말이지만 듣는 입장에선 부정당했다는 생각이 들 것이다.

'그건 그래', '맞아'와 같이 일단 의견을 수긍하는 뜻을 전하고 나서 '내 생각에는'이라고 반대의견을 말하는 것이 좋다.

2장

부하의
의견을
이끌어내는
질문법

예를 하나 들자면……

설명하는 요령이
아직 부족할 때

X → "그래서, 말하고 싶은 주제가 뭔데?"

X → "도대체 뭘 얘기하고 싶은 건지 하나도 모르겠군."

O → "얘기 잘 들었어, 고마워. 정리를 하고 싶은데 한 번 더 설명해
     주겠나?"

O → "그렇군, 이 부분은 잘 모르겠는데 조금 자세히 말해 주겠나?"

O → "결론부터 정리해주면 좋겠는데?"

상사라면 누구라도 부하의 서투른 보고에 짜증이 났던 경험
이 있을 것이다. 그때 '그래서, 말하고 싶은 주제가 뭔데?', '도대체
뭘 얘기하자는 건지 하나도 모르겠군'과 같은 말로 부하를 무시하
지는 않았는가?

이러한 무시는 상사에게 큰 손해가 된다. 부하의 '보연상'이 사
라지기 때문이다.

험악한 표정으로 무시하는 말투를 던지는 상사를 가까이하려
는 부하가 있을 리 없다. 확실하게 업무 보고를 하는 부하도 있겠

지만 이런 상사라면 최소한의 보고만 올리고 말 것이다. 좋은 일만 보고하고 나쁜 일은 보고조차 안 하는 부하가 생길지도 모른다.

결국 다음과 같은 문제가 발생하고 만다.

- 혼자서 마음대로 결정해 버린다.
- 실수를 보고하지 않고 있다가 문제가 커진 후에야 어쩔 수 없이 보고하는 일이 생긴다.
- 무시당할까 봐 무난한 일만 골라서 하게 된다.

이처럼 부하를 무시하는 것은 상당히 위험한 일이다. 무시하게 되는 사례에는 다음 3가지가 있다.

① 정말 무슨 말을 하는지 모르겠는 경우

이 경우는 다그치지 말고 부드러운 말로 다음과 같이 말하자. "얘기 잘 들었어, 고마워. 정리를 하고 싶은데 한 번 더 설명해 주겠나?"

② 상사가 완벽을 추구하다보니 부분적인 것을 이해하지 못했을 경우

이해하지 못한 부분만 해결하면 되는데 전체를 무시하는 것은 상사 쪽에 문제가 있다. 이 경우 상사가 처음부터 부하의 의견을 이해하고자 노력하지 않은 경우가 많다. 상사는 먼저 이해하려는 자세를 갖도록 하자. 그 후에 이해가 가지 않는 부분을 물어보면 된다.

"그렇군, 이 부분은 이해가 잘 되지 않는데 조금 자세히 말해 주겠나?"

③ 장황하게 늘어놓아 결론을 모르겠는 경우

이런 부하에게는 "결론부터 정리해주면 좋겠는데?"라고 부탁한다.

아직 보고가 서투른 부하 중에는 자신의 생각을 정리하지 못하는 사람도 있지만 확실하게 정리된 사람도 있다. 그러나 보고하는 요령까지는 터득하지 못한 경우가 있다. 위압적인 상사 앞에서 긴장한 나머지 제대로 말이 나오지 않기 때문이다.

처음 부하가 생겼을 때 필자가 그러했듯이, 상사 중에는 위압적인 분위기 조성이 중요하다고 생각하는 사람도 있을 것이다. '우습게 보지 못하도록' 하는 마음에서였겠지만 무의미한 위압적 태도는 필요 없다.

원래 상사의 역할이란 부하의 사기를 높이고 그에 맞는 업무를 수행할 수 있도록 지도해 최대의 성과를 이끌어 내는 것이다. 그러기 위해서 상사는 부하가 언제든 상담을 신청할 만큼 편한 분위기를 만들어 두어야 한다.

그렇다면 자신의 생각을 정리하지 못하는 부하는 어떻게 대응해야 할까. 여담이지만 필자도 신입사원 시절엔 바로 이러한 타입으로, 상사에게 즉흥적으로 이런저런 제안을 했다가 '도대체 뭘 얘기하고 싶은 건지 하나도 모르겠다'는 핀잔을 자주 받았다.

하지만 후배들의 좋은 상담자로 정평이 나있던 선배에게 배운 5W2H로 자신의 생각을 분석해서 말하는 훈련을 하고 나서는 핀잔을 받는 일이 거의 없어졌다.

[5W2H]

When (기한·실시 시기·결정 시기)

Who (결정권자·거래처 담당자)

Where (회사명·부서)

What (문제점·상품명)

Why (이유)

How (방법·어떻게 해결할 것인가)

How much (금액·수량)

이처럼 5W2H를 활용해 보고하도록 지도하면 좋다.

2

안 좋은 소식을
보고 받았을 때

○ → "일단 애썼고 업무보고 고마워. 어떻게 된 일인지 자세히 말해
　　　주겠나?"

X → "도대체 뭐하고 다니는 거야! 어쩌다 그 지경이 된 건지 말해봐."

부하로부터 안 좋은 소식을 보고받았을 때 '도대체 뭐하고 다
니는 거야! 어쩌다 그 지경이 된 건지 말해봐!'와 같이 반사적으로
호통을 칠 수 있다. 안 좋은 소식의 대부분은 '부하의 실수'나 '조
금 일찍 연락했더라면'과 같이 부하가 조금만 신경을 썼다면 사전
에 막을 수 있는 일이 많아 상사는 더욱 화가 날 것이다.

필자의 경우에도 처음 부하가 생겼을 때 안 좋은 소식을 전하
러 온 부하에게 두 번 다시 이런 일이 없게 하라며 꾸짖었다. 하지
만 사실 꾸짖은 것이 아니라 화를 냈던 것이다.

'꾸짖는 것'과 '화를 내는 것'은 다르다. '꾸짖는 것'은 상대에게
적절한 행동 개선을 요구하는 것이며, 상대를 생각하는 것이다. 한

편 '화를 내는 것'은 화를 내고 있는 자신의 감정을 폭발시키는 것이니 자신만을 생각하는 것이다.

이것을 혼동하고 있던 당시의 필자는 꾸짖는 본래의 목적인 '행동 개선'이 아닌 '인격 모독'만 했던 것이다. '두대체 뭐하고 다니는 거야!' 하고 다짜고짜 호통을 친 후 '어쩌다 그 지경이 된 건지 말해 봐'라는 힐난조로 다그쳤다. '그래서 자넨 안 되는 거야', '이 정도면 인간적으로 부끄럽지도 않아?' 하고 부하의 인격을 모독하는 말을 계속해서 쏟아냈다. 힐난은 상사인 자신의 분통을 터트리는 것이었다.

이런 식은 아무런 해결책이 되지 못한다. 자, 그럼 부하가 상사에게 안 좋은 소식을 보고하러 오는 이유는 무엇일까. 그것은 상사에게서 해결의 실마리를 찾고 싶어서이다. 상사 역시 부하가 안 좋은 소식이라도 보고해 주길 바라는 것은 적절한 대처를 해야 하기 때문이다.

당시의 필자는 안 좋은 보고가 올라오면 화를 냈기 때문에 차츰 보고 자체가 올라오지 않게 되었다. 설령 보고가 올라오더라도 이미 때가 늦어 손을 쓸 수 없는 상태로 악화된 뒤였다. 그것도 부하가 직접 보고한 게 아니라 어쩌다 발각되었다고 하는 편이 정확할 것이다.

그러던 중 옆 부서를 훌륭한 리더십으로 이끌고 있는 A선배에게는 보고가 많이 올라온다는 사실을 알게 되었다. 그는 필자와는 달리 안 좋은 소식을 보고 받는 경우라도 일단은 '애썼네, 업무보고 고마워. 어떻게 된 일인지 자세히 말해 주겠나?' 하고 부하의 이야기를 들었다. 부하의 실수가 명백한 경우라도 이처럼 이야기를 듣고 노력을 인정하고 있었다. 그것을 본 필자는 A선배에게 물었다.

"선배는 부하가 실수를 했는데 화도 안 내고 끝까지 이야기를 듣네요."

"아냐, 나도 꾸짖기는 해. 하지만 일단 이야기를 끝까지 들어보지 않으면 무엇을 꾸짖어야 할지 모르잖아."

"그래요? 그렇다고 애썼다고까지 말씀하시는 건 부하를 너무 봐주시는 거 아닌가요?"

"무슨 소리, 부하도 당연히 애썼지. 상사한테 보고하기 전에 관계자들한테도 욕을 먹었을 테고, 어떻게 보고해야 하나 걱정이 많았을 거야. 반성도 많이 했을 테고."

"그렇긴 하지만……."

당시의 필자는 이해할 수 없었다. 하지만 다음 한마디에 생각이 바뀌고 말았다.

"자네도 신입사원 시절에 실수를 보고해야 할 때면 용기가 필요했었겠지? 상사가 이런저런 뒷수습을 해주면 미안했을 테고."

맞는 말이었다. 생각해보면 아무리 우수한 직원이라 해도 누구나 처음엔 미숙했을 것이다. 그때를 떠올려보자. '상사한테 보고해야 한다는 사실은 알지만 욕을 먹을까 두렵다'와 같은 걸 생각하지 않았나? 부하 역시 실수를 반성하고 있을 것이다.

그러니 일단 보고하러 온 부하의 노고를 치하하는 건 당연한 일이다. 실수한 부하를 칭찬하다니 말도 안 된다고 생각할 수도 있다. 그러나 부하에게 제대로 보고를 받고 싶다면 노고를 치하하는 일도 중요하다.

지금 대면하고 있는 것은 '문제를 일으킨 형편없는 부하'가 아니라 '문제를 일으키고 곤란에 처한 부하'이며, '말하기 힘든 것을 용기를 내 보고하러 온 부하'라고 생각하길 바란다.

중요한 것은 보고 내용을 제대로 듣고 상황을 파악하는 일이다. 감정적으로 화부터 내서 부하가 위축된다면 경우에 따라 부하는 일단 이 자리를 피하고 보자는 생각만 할 수도 있다. 그 결과 정확한 정보를 들을 수 없는 결과를 초래하고 만다.

우선 제대로 상황파악을 하기 위해서라도 평정심을 가지고 부하를 대해야 할 것이다.

안 좋은 소식을 보고하는 부하 역시 대부분 자신의 실수를 반성하고 있다. 화를 내는 건 소용이 없다. '자세하게 말해 주겠나?' 하고 대응한 뒤 상황을 파악한다. 그리고 부하는 어떻게 생각하고 있는지 의견을 물은 후 원인을 특정하고 꾸짖는 '행동 개선 지도'

를 하는 것이 좋다.

이렇게 하면 부하는 안 좋은 소식이라 하더라도 상사에게 먼저 보고하게 된다. 당연히 문제도 조기에 해결할 수 있을 것이다.

좀처럼 의견을
내지 못할 때

X → "뭔가 의견은 없나?"

◯ → "예를 들어?"

◯ → "예를 하나 든다면?"

◯ → "만약 자네가 내 입장이라면 어떻게 하고 싶나?"

질문은 닫힌 질문과 열린 질문으로 나눌 수 있다. 닫힌 질문은 '네' 아니면 '아니오'로밖에 대답할 수 없는 질문으로 대화의 초기 단계, 사실이나 내용파악을 하는 경우에 적절하다. 닫힌 질문은 질문자의 의도나 생각이 무심코 반영되어 사용하기에 따라 압박감을 줄 수도 있다. 특히 회의 등에서 문제의 해결책이 좀처럼 나오지 않을 때, 예전의 필자도 그랬듯이 상사는 '생각은 하고 있는 건가?', '그런 식으로 하면 안 되지' 하는 닫힌 질문을 하기 십상이다.

이렇게 되면 부하는 자기방어기제가 발동해 마찰이 생기지 않을 최소한의 답변만을 하게 된다. '죄송합니다', '그렇군요', '알겠습니다' 하고 일단 그 자리를 피하고 보자는 태도를 취한다. 여기에 상사는 '진짜 이해한 거야?', '그렇게 생각하고 있는 거 맞아?', '심사숙고하라'는 말을 한다.

이쯤 되면 부하는 압박을 견디는 것 외에 아무것도 할 수 없다. 원래 사람이란 압박을 느끼는 상태에서는 아무런 아이디어도 떠오르지 않기 때문이다.

필자의 상사 중에도 이렇게 따져 묻는 인물이 있었는데, 그때 필자 역시 '어떻게 빠져나갈지'에만 급급했다. 생산성 없는 질문이라 할 수 있다.

이에 비해 열린 질문은 상대가 '네'나 '아니오'로 대답하는 게 아니라 생각이나 상황에 맞춰 다양한 답변을 할 수 있는 질문이다. 질문자가 신경을 많이 써서 질문해야 하지만 그만큼 자유로운 답변을 이끌어낼 수 있다.

예를 들어 '그 방법은 아니지 않나?'라는 식의 닫힌 질문을 '그 방법 외에 다른 좋은 방법은 없을까?'라고 열린 질문으로 바꿔 말하는 것만으로도 상대의 답변이 달라진다. 부하에게 자발적인 의견을 이끌어내고 싶을 때는 열린 질문이 효과적이다.

그러나 이러한 열린 질문이라도 실적이 저조해 좀처럼 의견을 내길 꺼리는 부하, 경험이 적은 부하, 소심한 성격의 부하에게는 그다지 효과가 없다.

그렇다면 열린 질문을 활용한 사례를 들여다보자.

상사 "가을 홍보행사, 한 달간 진행해보니 어때?"
부하 "어쎤지 고객들 반응이 신통치 않아요. 좀더 분위기를 띄울 뭔가가 필요해요."
상사 "무슨 좋은 생각이라도 있나?"
부하 "……"

이렇게 했다가는 대화는 도중에 끊기고 만다. 실적이 저조하거나, 소심한 부하는 의견을 잘못 냈다가 '망신을 당하지는 않을까' 하는 생각에 입을 다물게 된다. 이러지도 저러지도 못하는 부하에게 상사가 습관처럼 '뭔가 의견을 내보라고', '생각 좀 하라니까' 하고 말한다면 낭연히 의견이 나올 리가 없다. 이것은 상대를 다그치는 질책이다.

이처럼 부하가 의견을 내지 않을 때, 혹은 주저하고 있는 것처럼 보일 때 효과적인 것은 '예를 들어'를 사용한 방법이다.

"예를 들어 자네들이 실제로 이 상품을 소중한 이에게 선물한다면, 또 다른 부가가치를 원하지 않을까?"

이것은 '소중한 이에게 선물할 때'라는 구체적인 장면을 설정하고, 소비자 입장에서 바라본 상품아이디어를 묻는 질문이다. 부하도 이런 질문이라면 대답하기 쉬울 것이다. 이처럼 회의나 미팅이 의례적이 되어 더 이상 의견이 나오지 않을 때 '예를 들어'를 활용해 구체적인 장면을 설정해 물으면, 질문을 받은 부하도 유연하게 대처할 수 있고 다른 직원들도 함께 생각하게 된다.

다음으로 효과적인 것은 '하나만 예를 든다면'이라는 질문이다. '하나만'이라는 질문이라면 부하도 대답하기 쉽다. 왜냐하면 '하나만'이라는 단어로 '하나쯤이라면 금방 생각해 낼 수 있을 것 같다'는 생각에 마음이 편해지기 때문이다.

이 외에 필자가 자주 쓰는 건 '만약 자네가 내 입장이라면 어떻게 하고 싶나?'라는 말이다. 이 질문법은 옛 상사의 기술을 훔쳐 온 것인데, 이런 질문을 받으면 상사가 진지하게 내 의견을 묻고 있다는 생각이 들었기 때문이다. 부하도 한 단계 높은 위치에서 생각함으로써 사고의 폭이 넓어질 수 있다는 장점이 있다.

샛길로 빠지거나 장황한
이야기를 끊어야 할 때

X → "그래서, 말하고 싶은 주제가 뭔데?"

O → "다시 말해 ○○ 라는 얘기인가?"

O → "지금까지의 이야기를 확인해 보고 싶은데"

회의나 미팅에서 부하의 발언이 엉뚱한 방향으로 흘러버려 결론이 나지 않을 때가 있다. 적극적으로 발언하는 것은 좋지만 회의 주제에서 벗어나 오히려 해결책에서 멀어지는 경우도 있다.

주제에서 벗어난 이야기를 하는 부하에게 나쁜 뜻이 있었던 것은 아니니 '얘기가 샛길로 빠졌군', '무슨 소릴 하는 거야?'라고 지적하는 것은 좋지 않다. 이러한 상사의 한마디에 적극적으로 발언을 하던 부하가 차츰 발언을 하지 않게 되고 망신을 당할 바에야 잠자코 지켜보기만 하겠다는 소극적 자세로 변한다.

어느 회의에서의 모습이다.

상사 "지난주 진행한 각 점장과의 면담은 어떻게 됐나?"

부하 "네. 예상한 대로였습니다. 지난번에 지역팀장의 전달사항이 점장과 담당자에게 제대로 전달되지 않는다는 의견이 있었는데 정말 그렇더군요. 바빠서 메일을 확인할 시간도 없고, 일일이 연락할 시간도 없는 것 같았습니다. 상품반입시간도 다 다르고. 아, 그러고 보니 ××지점 A점장이 그러던데요 너무 바쁘다 보니 소비자 항의가 2건이나 있었다고 해요."

상사 "……(갑자기 이야기가 샛길로 빠지는군)"

이처럼 이야기가 이리저리 왔다 갔다 하는 부하 때문에 골치가 아플 것이다.

이런 부하에게는 '다시 말해 ○○라는 얘기인가요?' 하고 정리해 주자. 그러면 본래의 주제로 돌아가거나 집중을 유도할 수 있다. 이야기를 유도하는 것은 바람직하지 않다고 하지만 주제로 돌아가게끔 이끌 필요는 있다. '다시 말해'라는 단어를 사용함으로써 이야기 도중에 자연스럽게 끼어들 수 있어 말을 잘랐다는 인상을 주지 않는다. '다시 말해서'를 사용해 연습해 보자.

"다시 말해서 문제가 3건이라는 거군요?"

이 외에도 효과적인 질문의 예를 들어보자.

"잠시 확인하고 싶은 게 있는데……."

"잊어버리기 전에 다시 확인하고 싶은데……."

"좀 전에 가장 곤란한 문제점이 뭐라고 했죠?"

"지금까지 이야기를 정리해보자면……."

위와 같이 말하면 샛길로 빠졌던 대화에서 맥락을 찾으면서 원래 의도하던 결론에 가까이 다가가게 할 수 있다.

3장

부하의
자신감을
북돋우는
칭찬법

온천여행 기획서 하면
당연히 ○○ 씨지!

1

어떤 상대라도
받아들이는 칭찬법

○ → "어떻게 하면 이토 씨처럼 프레젠테이션 자료를 만들 수 있는지
　　가르쳐줘요."

X → "이토 씨는 프레젠테이션을 잘하는군요."

　　자신보다 나이가 많은 부하나 까다로운 부하 중에는 칭찬을
그대로 받아들이지 않는 사람이 있다. 뭔가 꿍꿍이가 있는 건 아
닌지 의심하며 '당신한테 그런 말 듣고 싶지 않거든' 하는 자세로
전투태세에 들어간다.

　　필자도 그런 부하에게는 '칭찬해도 싫다면 더 이상 신경 쓰지
말자. 최소한의 소통만 하는 걸로'라고 생각했다. 그러자 부하와의
거리가 점점 멀어지고 말았다.

　　자신보다 나이도 많고 팀에서도 영향력 있는 부하라면 경우에
따라서는 한순간에 팀원 모두를 적으로 돌릴 수도 있으니 주의가
필요하다.

여기서 필자의 예전 부하였던 이토 씨의 사례를 들어보겠다.

이토 씨는 당시 필자보다 5살 연상으로 입사도 3년이나 빠른 선배였다. 업계 경험도 풍부하고 경력도 오래고 능력도 있었지만 후배를 챙기는 타입은 아니었다.

이토 씨는 특히 프레젠테이션 준비능력이 탁월해 팀장인 필자도 배우고 싶을 정도였다. 당연히 이 재능을 다른 부하들도 배우길 바랐다. 팀장이 된 지 얼마 되지 않았던 필자는 이토 씨를 칭찬하며 친해지려 했다. 그러나 여러 차례 '이토 선배는 프레젠테이션을 잘하는군요'하고 칭찬해도 그의 반응은 한결같이 '아, 그래요?'라는 한마디뿐이었다. 대화가 이어지지 않았다.

그러던 어느 날 다른 부하가 무심코 내뱉은 한마디가 힌트가 되어 주었다. '어떻게 하면 팀장님처럼 얘기를 재미있게 할 수 있어요?'라는 칭찬이었다.

평소에는 칭찬을 받으면 쑥스러워서 '그럴 리가' 하면서 그냥 넘겼는데 이때만큼은 칭찬을 받아들이고 질문에 대답을 하게 되었다. 그러면서 '이거다!'라는 생각이 스쳤다.

이렇게 질문했을 때 상대가 질문에 대답을 했다는 것은 '얘기를 재미있게 한다'라는 '전제'를 받아들이고 있었기 때문에 대답도 가능했던 것이다.

만약 이것이 단지 '얘기를 재미있게 하네요'라는 칭찬이었다면 '고마워'라는 한마디로 끝났을 수도 있고, 스스로 그렇게 느끼고 있지 않은 경우에는 '그럴 리가'라며 겸손을 뺄 것이다. 물론 대화는 그대로 끝이다. 또한 이러한 말은 단정하는 것처럼 들려서 상대방은 경우에 따라 '당신한테 그런 말 듣고 싶지 않다'고 생각할지 모른다.

이에 비해 '질문을 하면서 칭찬'하는 질문 화법은 훨씬 효과적이다.

질문화법이라면 점잔 빼는 상대라도 '아니야, 난 아직 멀었어', '음, 내 경우엔 잘하는 사람의 기획서를 보고 따라하는 것부터 시작했던 것 같아' 등등 뭐라도 대꾸를 하려 애쓴다. 질문한 쪽도 '저도 한번 해 볼게요' 하며 대화가 이어질 수 있다.

이 '어떻게 하면'을 활용한 질문 화법은 다들 별다른 반감 없이 받아들이기 때문에 칭찬받는 것을 쑥스러워하는 부하나 날을 잔뜩 세우고 있는 부하, 자신보다 나이 많은 부하를 상대할 때 효과적이다. 칭찬하기 어려운 상대에게는 이 방법을 권한다.

2

'라벨 칭찬'으로 부하의
사기를 더욱 높이는 법

○ → "온천여행 기획서하면 당연히 아세 씨지!"

필자가 여행사에 신입사원으로 재직하고 있을 당시, '1박 2일 온천여행이라면 이 사람에게 물어보라'고 할 정도로 신뢰받고 있는 아오키라는 선배가 있었다. 아오키 선배는 온천 료칸의 시설부터 노천탕에서 바라보는 풍경에 식사 메뉴 등등, 사내 자료에 나오지 않는 것까지도 자세히 알고 있었다.

당시 필자는 사원여행상품을 파는 영업사원이었다. 회사가 격려차 실시하는 사원여행이 성행하던 시절이었는데, 거래처에서는 색다를 것 없는 평범한 여행상품에 심드렁해진 모양으로 뭔가 특별한 기획이 필요했다. 신입사원이었던 필자는 힘들 때마다 아오키 선배에게 조언을 구했다. 아오키 선배는 회사 전체를 통틀어 온천여행에 관한 한 가장 풍부한 지식을 가진 인물로 상품기획을 짜는데 여러모로 도움을 받으면서 필자도 차츰 수주가 늘어났다.

이외에도 오키나와 여행하면 B씨, 홋카이도 여행하면 C씨와 같이 기획을 잘하는 선배들이 있었다. 어느 날 필자는 여직원이 많은 회사의 사원여행상품을 기획하게 되었다. 흔한 온천여행이 아니라 리조트호텔에 묵으며 승마를 즐기거나 해양스포츠를 즐기는 기획이었는데, 다행히도 몇몇 회사에서 수주가 들어왔다. 그러자 과장님이 "리조트 기획이라면 요시다 씨에게 물어봐"라고 말하는 게 아닌가.

솔직히 리조트호텔 기획은 어쩌다 운이 좋아 수주를 받게 된 것이지, 기획서만 해도 호텔영업사원이 추천한 내용을 살짝 응용한 것뿐이었다. 지점에는 필자 외에도 리조트호텔에 대해 잘 아는 선배가 많았을 것이다.

그런데도 과장님은 필자에게 '리조트 기획이라면 요시다 씨'라는 라벨을 붙여준 것이었다. 당연히 더욱 연구해야겠다는 부담감도 있었지만 한편으론 왠지 인정받았다는 생각에 무척 기뻤다.

설마 선배들이 와서 묻지는 않겠지 하고 방심하고 있었는데, 필자를 더욱 성장시키기 위해서였는지 일부러 찾아와 묻는 것이었다. 물으면 대답을 해야 한다. 때로는 즉시 답을 할 수 없는 경우도 있었지만 조사해가며 답하다 보니 몇 달 뒤에는 드디어 지점 내에서 가장 많은 정보를 갖게 되었다. 이처럼 '이 기획이라면 A씨', '이 업무라면 B씨'라고 칭찬하는 방법을 '라벨 칭찬'이라 이름 지었다.

이 '라벨 칭찬'은 3가지 효과가 있다.

- 부하의 인정욕구를 충족시키고, 자신감을 심어준다.
- 부하의 성장속도가 빨라진다.
- 팀원 각자의 특기를 확립할 수 있다.

컨설턴트가 된 후에도 이 라벨 칭찬을 추천했고, 이를 실천한 회사에서는 사원의 성장속도가 빨라진 데다 자발적으로 움직이게 되었다는 후일담이 들려온다. 라벨 칭찬은 팀 전원을 프로젝트 매니저로 만드는 것과 같은 효과를 기대할 수 있다.

상사가 이 라벨 칭찬을 실천하려면 부하의 약점보다 장점을 찾아야 하기 때문에 상당히 효과적이다.

3 '트라이앵글 칭찬'으로 신빙성을 높이자

○ → "이토 씨가 자네한테는 안심하고 업무처리를 맡길 수 있다고 하더군."

지혜롭게 칭찬을 하는 상사가 쓰는 '트라이앵글 칭찬'이라는 방법이 있다. 이것은 제3자를 이용해 간접적으로 칭찬하는 방법으로, 아래와 같은 2가지가 있다.

① 제3자가 칭찬한 말을 전한다

예전에 필자의 선배 중에 칭찬을 잘하는 과장님이 있었다. 어느 날 과장님이 "어제 회의에서 사장님이 '요즘 요시다 씨는 신규계약도 많이 늘었고, 열심히 하는 것 같더군' 하시더라고. 사장님은 직원들을 제대로 파악하고 계신 것 같아" 하며 기쁜 듯이 말했다.

필자는 원래 직접 칭찬을 받아도 솔직하게 기뻐하는 타입이지만 그때는 평소보다 훨씬 더 기뻤다. 사람은 상대에게 직접 칭찬을 받는 것 이상으로 제3자가 칭찬했다는 말을 들으면 기쁜 법이다.

이 경우, 과장님이 '사장이 칭찬한 내용'에 동의하지 않았다면 그 칭찬을 일부러 전하지는 않았을 테니 동시에 두 사람에게 칭찬을 받은 것이 된다. 또한 제3자가 칭찬했다는 칭찬 방법은 신빙성이 있어 입바른 말처럼 들리지 않는 것도 특징이라서 상당히 효과적이다. 직접 부하를 칭찬하는 것이 서투른 사람이라도 쓰기 편한 칭찬 방법이라 생각한다.

② 제3자 앞에서 그 자리에 없는 사람을 칭찬한다

다른 하나는 자리에 없는 사람을 칭찬하는 방법이다. 칭찬받는 대상이 그 자리에 없어 쑥스럽지 않기 때문에 칭찬에 서투른 사람이라도 편히 사용할 수 있지 않을까.

원래 몇 사람이 모이면 화제는 그 자리에 없는 사람의 험담이 되기 십상이다. 특히 많은 직원이 참가하는 회식자리에서는 그 경향이 더욱 두드러진다. 필자의 회사도 마찬가지였다. 그렇게 되면 동석한 사람들의 의식수준이 낮아지고 필연적으로 누군가는 악역이 된다.

부정적인 화제가 모이는 장소에는 부정적인 의식이 만연하기 쉽다. 그렇게 되지 않기 위해서라도 필자는 그 자리에 없는 사람을 의식적으로 칭찬하려고 노력해왔다. 필자가 부하를 두고부터는 이 방법은 더욱 효과적이었다. 나중에 그 자리에 없었던 사람에게 '자네를 칭찬 하던걸' 하고 반드시 누군가가 전해주기 때문에 칭찬을 받은 사람은 사기가 높아진다.

특히 업무보조와 같이 눈에 띄지 않는 일을 하는 사람에게 이런 칭찬 방법을 쓰면 상당히 효과가 좋다. 보통은 이들의 업무를 '당연하게' 여기고 있기 때문에 칭찬은커녕 실수에만 주의를 주는 일이 많다. 그래서 안 보이는 곳에서 스트레스를 쌓아두고 있었다는 이야기도 종종 들린다.

조금씩 쌓아둔 스트레스가 어느 날 갑자기 폭발한다든지, 갑자기 퇴사해 버린다든지 하는 일이 생기지 않도록 '숨은 공로자'와 같은 부하에게는 더욱더 신경을 써서 트라이앵글 칭찬을 실천해 보도록 하자.

여기서 또 하나 필자의 선배가 쓰던 궁극의 칭찬 테크닉을 소개할까 한다. 이것은 같은 팀에 대인관계가 서툰 팀원이 있는 경우 효과적이다.

가령 같은 팀이지만 사이가 좋지 않은 A씨와 B씨가 있다고 치자. 이 경우 A씨와 함께 있을 때 "B씨가 A씨의 프레젠테이션 자료는 이해가 잘 된다고 하더라"고 전한다. 한편 B씨와 있을 때 "A씨가 지난번 회의에서 B씨의 고객대응방법이 참고가 되었다고 하더라"고 전한다.

이렇게 전하면 A씨는 "그래? B씨도 보는 눈은 있군" 하고 생각하게 된다. 그리곤 A씨가 B씨를 대하는 태도가 변한다. B씨도 마찬가지이다. 이심전심이라는 말처럼 사람은 호의적으로 대해주는 사람에게 호감을 갖는다.

그 후 필자도 이 방법을 사용해봤는데 정말 효과적이었다. 팀
원끼리 사이가 좋아진 것은 물론이고 팀이 하나로 단결해 좋은 실
적을 올린 사례가 있다.

4 칭찬하려면
사람들 앞에서 하라

○ → "이토 씨는 저희 회사에서 세 손가락 안에 드는 영업사원이니
　　안심하고 맡겨주세요."
○ → "그는 전산처리능력이 탁월해 저도 도움을 자주 받아요."
○ → "그는 자기 업무가 끝난 다음에도 후배를 돕거나 살피죠."
✗ → "아직 할 줄 아는 게 없는 사원이지만 폐가 되지 않도록 잘
　　가르칠 테니……."
✗ → "아직 할 줄 아는 게 없지만……."

앞서 제3자를 통해 칭찬하는 방법을 소개했는데, 상대를 제3
자에게 소개하는 자리를 이용해서 간접적으로 칭찬하는 것도 효
과적이다.

예전에 사장님과 함께 영업을 나갔을 때의 일이다. 사장님이
거래처 담당자 앞에서 "요시다 씨는 저희 회사에서 세 손가락 안
에 드는 영업사원이니 안심하고 맡겨주세요" 하고 말씀해주셨다.
평소 말을 아끼시는 사장님께 그런 칭찬을 듣자 무척 기뻤다. 물론

본인에게 직접 칭찬하는 것도 좋지만 제3자 앞에서 그 사람을 치켜세우는 칭찬 방법은 더욱 효과적이다.

필자도 부하가 생기면서 부하의 거래처에 동석할 때는 부하의 우수한 재능을 부각시켜 '띄우는 방법'을 썼다.

이 칭찬 방법은 일대일일 때는 의심 많던 부하라 하더라도 걱정 없다. 또한 고객에게 자연스럽게 좋은 인상을 수 있다.

"이 사람은 전산처리능력이 탁월해 저도 도움을 자주 받아요."

"이 사람은 자기 업무가 끝난 다음에도 후배를 돕거나 살피죠."

"이 사람은 평소에 관련 부서는 물론 회사 밖에서도 사회활동을 통해 누구보다 많은 정보를 습득하고 있죠. 회사 안팎으로 신뢰하는 사람이 많아요."

반대로 겸손을 미덕으로 아는 상사 중에는 대외적으로 부하를 소개할 때 '아직 할 줄 아는 게 없는 사원이지만 폐가 되지 않도록 잘 가르칠 테니', '아직 할 줄 아는 게 없지만'과 같은 식으로 소개하는 일이 있다. 이러면 부하의 자존심에 상처가 생기고 사기도 저하된다.

필자도 신입사원이던 시절 엄격한 선배와 동행 영업을 나갔을 때 고객 앞에서 '아직 햇병아리지만', '제대로 하는 일이 없는 녀석이지만'이라고 소개된 적이 있다. 이때는 '나한테 기대감이 없구나'

하는 충격을 받았다. 여기에서 끝나는 것이 아니라 며칠 후 그 고객을 혼자서 다시 찾았을 때 "요시다 씨, 그런 선배 밑에서 고생이 많겠어요. 좀 걱정이 되네요"라는 말을 들었다.

이처럼 깎아내리면서 소개하는 일은 외부사람들에게도 '인재를 소중히 여기지 않는 회사', '그렇게 미흡한 사람을 담당자로 정하다니 이 거래가 중요하지 않은 모양이군' 하며 부정적인 인상을 주게 될 위험이 있다.

고객은 담당자가 회사에서 어떻게 일하고 있는지 어떤 평가를 받고 있는지 모른다. 상사가 부하의 장점을 부각시켜 전하는 일은 고객의 신뢰를 얻는 데 도움이 된다. 고객은 '이 회사는 사원을 소중히 여기는 회사구나', '우수한 인재를 담당자로 정할 정도니 거래도 신뢰할 수 있겠구나'라고 생각한다.

띄우기는 외부뿐 아니라 사내에서도 이용가치가 높은 테크닉이다. 예전에 필자가 과장으로 일하던 때에 부하였던 이토 씨를 필자의 상사이기도 한 부장님 앞에서 다음과 같이 칭찬을 한 적이 있다.

"이토 씨의 끈기는 정말 대단해요. 불리한 상황이었는데 지난번 경쟁사 A와의 프레젠테이션에서 이긴 것도 이토 씨가 끈기 있게 교섭한 덕분입니다."

나중에 이토 씨는 함박웃음을 지으며 "부장님 앞에서 그렇게까지 칭찬을 해줘서 정말 고마워요" 하고 말했다. 그 모습이 아직도 필자의 기억에 남아 있다. 과장이 부장 앞에서 자신을 칭찬해준다면 누구라도 기쁠 것이다.

5

'감탄사 칭찬'으로 의욕을 북돋아주자

○ → "역시나."
○ → "대단하군."
○ → "몰랐는걸."
○ → "나도 알고 싶은걸."

○ → "흥미로운 발상인걸."
X → "그건 좀."
X → "그 뭐랄까."

영업사원 시절, 필자가 모시던 상사 A에 관한 이야기다.

A씨의 입버릇은 '역시나', '대단하군'이었다. 이와 같은 칭찬방법은 언뜻 과장되게 들릴 수도 있다. 하지만 그 상사가 말하면 솔직히 기분이 좋았다. 그것은 말하는 타이밍이 적절했기 때문이다. 좋은 일을 보고하면 '우와', '역시나', '대단하군', '고맙네'라는 말을 했다. 그것은 무심결에 흘러나온 '탄성'처럼 들렸다. 이것은 나중에 필자도 부하들에게 쓰곤 했다.

이 방법을 나는 '감탄사 칭찬'이라 부르는데 이것은 특히 칭찬하면 더 잘하는 타입에게 효과가 있다. 분위기메이커는 칭찬을 받으면 받을수록 의욕도 불타오른다.

단, '역시나'와 '굉장하군'은 만능이지만 구별해 써야 한다.

① '역시나'

실적이 순조로운 부하에게 쓰자. 실적이 부진한 부하에게 썼다가는 오히려 반감을 살 수도 있다. 부하의 특기를 칭찬할 때 쓰도록 하자. 그렇지 않으면 그냥 입바른 말처럼 들릴 가능성도 있다.

② '대단하군'

큰 안건을 성사시키거나 노력한 성과가 나왔을 때 효과적인 칭찬방법이다. 영업실적이 부진해 좀처럼 계약을 따지 못하던 부하가 2건을 연이어 계약했을 때 이 말을 했더니 상당히 효과적이었다.

이 '감탄사 칭찬'은 회의실에서 써도 상당히 효과적이다. 회의에서는 목소리가 큰 사람이나 나이가 많은 사람이 주로 발언을 하는 경향이 있다. 그런 상황에서는 반대의견이나 지적은 말하기가 쉽지 않다. 특히 나이가 어린 팀원일수록 그렇다. 가끔 의견을 내더라도 유치하거나 미흡하다고 여기거나, 자신의 의견과 반대되면 '그게 아니라', '그렇다기보다는', '그건 좀'이라는 부정적 단어를 써서 일축해버린다. 그렇게 되면 나이 어린 팀원은 어차피 소용없다고 느끼고 의견을 내는 일을 포기하고 만다. 당연히 회의는 활성화되지 못한다.

그럴 때 필자가 썼던 방법은 '걸'로 끝나는 감탄사 칭찬이었다.

나이 어린 팀원이 의견을 내면 '걸'로 끝나는 감탄사로 짧게 칭찬한다.

의견이 미흡하거나 반대하고 싶은 의견이라도 처음부터 부정해서는 안 된다. 일단 끝까지 듣고 나서 자신의 의견을 말해야 한다. 그러면 나이 어린 팀원은 자신의 의견이 무시되지 않았다고 여기고 당장은 의견이 받아들여지지 않더라도 적극적으로 행동하며 다음에도 의견을 표현하게 될 것이다.

여기서 가장 효과적인 '걸'로 끝나는 감탄사를 3가지 예를 들어보자.

① 몰랐는걸

모르는 건 모른다고 인정하자. 상사 중에는 부하 앞에서 '모른다'고 말하는 것이 부끄러운 일이라고 여기고 아는 체를 하는 사람도 있다. '몰랐는걸'이라고 솔직히 말함으로써 자세히 설명할 수 있도록 유도가 가능하다

② 나도 알고 싶은걸

부하가 낸 의견에 관심이 있을 때는 물론이거니와 의견이 애매모호해서 잘 파악이 되지 않을 때도 사용할 수 있다. 이런 말을 들으면 그 후 부하는 자신의 안건이 받아들여지지 않더라도 납득하고 이번에는 채택되지 못했지만 다음엔 분발하자고 생각하게 된다.

③ 흥미로운 발상인걸

이쪽에서 생각하고 있던 것과 반대의견이 나왔을 때 사용할 수 있는 말이다.

4장

부하가
흔쾌히
들어줄 수 있는
부탁법

시간이 없어서 그러는데,
같이 해줄 수 있겠나?

1

손님이 찾아와 직원에게
차를 부탁하고 싶을 때

○ → "야마다 씨, 매번 고마워. 중요한 손님이라서 야마다 씨가 차를
  준비해주면 좋겠어."

○ → "야마다 씨는 다도를 잘 알고 있어서 안심이 되거든."

X → "야마다 씨, 차 좀 갖다 줘."

원래 상사와 부하는 상하관계가 아니라 역할이 다를 뿐이지 대등하다. 야구를 예로 들면 투수와 타자 중에 누가 더 중요한가를 설명하는 것과 같다.

그러나 상사 중에는 부하를 자신의 졸병으로 착각하는 사람도 있다. 그런 사람은 '차 좀 갖다 줘', '커피 가져와'라고 하며 명령으로 일관한다.

필자 역시 처음 부하가 생겼을 때 마찬가지였다. 잡무는 부하가 하는 게 당연하다고 생각했다. 심지어 잡무를 무시하고 있었다. 지금 생각하면 몹시 부끄럽다. 이렇게 일을 시키면 부하도 의

욕을 잃고 최소한의 업무만 소화하면 된다는 태도로 변한다. 결국 쉬운 일만 골라서 하게 된다.

회사로 찾아온 손님에게 차를 내는 일은 과연 잡무에 해당할까? 사실 무척 중요한 일이다. 때로는 그로 인해 거래가 결정되는 경우도 있다.

나이가 많은 분들 가운데에는 그 모습을 꼼꼼하게 지켜보는 이도 있다. 대응이 좋으면 이 회사는 제대로 된 곳이라는 좋은 인상을 심어줄 수 있다. 어느 회사든 이왕이면 좋은 인상을 주고 싶을 것이다. 그렇다면 좋은 인상을 지닌 사람에게 부탁하고 싶은 것이 당연하다.

따라서 기분 좋게 부탁하는 방법도 필요하다. '야마다 씨, 차 좀 가져와'라는 말은 금물이다. 이런 말을 들은 부하는 '나도 바쁜데……. 왜 나만 시키는 건데?'하는 생각이 들 것이다.

이 경우 야마다 씨니까 부탁하고 싶다는 포인트를 전해야 본인도 의욕적이 된다. 또한 항상 부탁을 하는 상황이라면 고맙다는 말도 해야 할 필요가 있다. '야마다 씨, 매번 고마워. 중요한 손님이니까 야마다 씨가 차를 준비해주면 좋겠어'라든가 '야마다 씨는 다도를 잘 알고 있어서 안심이 되거든'과 같이 '당신만 할 수 있는 일과 그 이유'와 '칭찬'이 필요한 것이다.

그러나 주의해야 할 점도 있다. 항상 야마다 씨에게 부탁할 수는 없다. '매번 나만'이라는 생각을 할 수 있기 때문이다. 이를 방지하려면 공평하게 부탁해야 한다. 여기서 공평한 자세 2가지를 소개하겠다.

① 1시간 이상의 회의, 점심식사, 회식 등의 횟수를 기록해 두고 치우침 없이 한다

한정된 부하하고만 소통하고 있지는 않은가, 항상 확인한다. 팀원 중에는 적극적으로 상사에게 친밀감을 나타내는 사람도 있지만 그렇지 않은 사람도 있다. 상사 입장에서도 말하기 편한 부하와 그렇지 않은 부하가 있다. 그래서 자칫 대우가 치우칠 수도 있으니 횟수를 기록해 두는 것이다.

② 모두에게 '씨'라는 호칭을 붙인다

호칭은 사실 공평함을 깨뜨릴 가능성이 있다. 야마다 씨에게는 '야마 짱', 이토 씨에게는 '이토', 다나카 씨에게는 '다나카 짱', 오이 씨에게는 친근한 느낌의 '짱'을 쓰거나 이름만 부르는 경우가 있을 것이다.

이 경우 이토 씨는 '나만 왜 존칭 없이 그냥 이름을 부를까?' 하고 생각할 수 있다. 그런 일을 미연에 방지할 수 있도록 필자는 팀원 모두를 '○○씨'라고 불렀다. 전원을 '○○씨'로 부르면 호칭에서 불공평은 찾아 볼 수 없다.

2

급한 일에
도움을 받고 싶을 때

X → "급한 업무가 들어왔어. 도와줘."
O → "급한 업무인데 시간이 없네. 함께할 수 있을까?"

급한 업무가 들어와 어쩔 수 없이 도움을 받아야 할 때가 있을 것이다. 그렇다고 지금 당장 할 일이 없는 사람이라고 해서 다 괜찮은 것도 아니다. 업무니까 도와달라고 명령조로 부탁을 해버리면 '어쩔 수 없이' 하게 돼서 능률도 저하된다. '왜 제가 이 일을 해야만 하는 거죠?', '이런 일에 무슨 의미가 있죠?' 하고 반발하는 부하가 나올지 모른다. 이 경우 부탁하는 방법에 주의해야 할 필요가 있다. 구체적으로는 다음 3가지 포인트가 있다.

① 왜 지금 해야만 하는가?

어째서 지금 해야 하지 않으면 안 되는지를 명확하게 해야 할 필요가 있다. 잠자코 시키는 대로 하라는 식이라면 능률은 기대할 수 없다.

'이번 A사와의 계약은 수천만 엔의 매출이 기대되므로 팀 전체가 합심해서 진행하고 싶다', '거래결정 회의가 3일밖에 안 남았지만 어떻게 해서든 일정을 맞추고 싶다' 등등 분명하게 의사를 표시해야 한다.

② 왜 그 사람에게 도움을 청하는가?

본인의 자존심을 세워줄 필요가 있다. '잔말 말고 일이나 도와 달라'는 말로는 굳이 내가 아니더라도 됐을 텐데 하는 생각이 들 것이다. 혹은 먼저 처리하고 싶은 업무가 있을지도 모른다.

예전에 필자가 선배로부터 급한 업무를 부탁받았을 때 "잔말 말고 돕기나 해. 이 일을 최우선으로 진행하라는 지점장님의 지시가 있었다고"라는 말을 들었다. 결국 도와주긴 했지만 솔직히 납득이 안 된 상태로 대충대충 했다. 부하라고 함부로 부려먹는 태도는 금물이다. 왜 그 사람의 도움이 필요한지를 명확하게 해야 한다.

또한 완충효과를 위해 '~하긴 한데' 라는 말을 쓰면 한층 부드러운 표현이 된다. '야마다 씨가 바쁘다는 건 아는데 그래도 야마다 씨가 도와줬으면 좋겠어'라고 부탁한다면 상대의 입장도 배려하고 있다는 것을 잘 전달할 수 있다.

③ '함께'라는 말을 강조한다

'함께하자'는 말은 중요하다. 부탁 받은 쪽도 '시키는 일'이라는 생각이 들지 않기 때문이다. 사람은 다른 사람과 함께 무언가를 하는 것을 근본적으로 좋아한다.

　가령 각자 분야가 달라서 혼자서 해야 하는 일이라도 팀을 위한 것이라는 의식이 있다면 '모두를 위해서' 열심히 하게 될 것이다.

3

자료 작성을 부탁할 때

○ → "금요일 경영회의 때 써야 할 자료를 수요일 12시까지 해줄 수 있나?"

X → "수요일까지 신규 고객에게 전달할 자료를 알아서 준비해 줘."

상사가 부하에게 자료 작성을 부탁할 때는 실수나 시간낭비를 방지하기 위해 적확한 지시를 해야 한다. 그러나 '자료 작성해 와'라든지 '알아서 만들어 와'처럼 애매한 지시를 내리는 사람도 적지 않다.

이것은 일본 고유의 이른바 '찰떡 호흡'을 의식한 나머지 일어나는 일이다. '알아서'라든지 '잘'이라는 모호한 지시를 받았을 경우, 자신의 경험이나 가치판단에 따라 마음대로 해석해 버리기 마련이다.

그러나 상사가 상정하고 있는 '알아서, 잘'과 부하가 상정하고 있는 '알아서, 잘'은 일치하지 않는 것이 대부분이다. 부하가 내린 결론과 상사가 기대했던 결과는 크게 다를 수 있다. 그러면 상사가 '그 정도는 알 만한 사람이'라며 화를 내고 부하는 '이제 와서 그런 말을 하면'하고 반발하면서 대립관계가 형성된다.

여기서 필자가 실패한 사례를 들어 이야기해볼까 한다.

부하인 야마모토 씨에게 거래처인 B사에 제안할 서류작성을 부탁했을 때의 일이다. 야마모토 씨는 실수 없이 일처리를 하는 타입이라서 '이 서류는 내일이 마감이니까 알아서 만들어오라'고 부탁했다.

그러나 다음 날 아침이 되어도 서류가 오지 않았다. 할 수 없이 다른 회의에 참석했다가 오후에 돌아왔는데도 여전히 서류는 없었다. 야마모토 씨는 영업을 나가고 없는 상황이었다.

필자도 그대로 외출했다가 저녁에 돌아와 보니 드디어 야마모토 씨로부터 메일이 도착해 있었다. 그러나 내용이 아주 허술했다. 그를 불러 '서류가 그게 뭐야? 기한도 제대로 못 맞추고 내용은 허술하고 엉망이잖나. 어떻게 된 거야?'하고 꾸짖었다.

그의 이야기를 들어보니 '대강 시류를 작성해서 내일까지만 주면 된다'고 생각했던 모양이었다. 필자는 '거래처가 납득할 만한 서류를 내일 아침 일찍 제출'해 줄 것으로 생각했는데 둘 사이에 커다란 오해가 있었다. 필자와 야마모토 씨 사이에 '알아서, 잘'이라는 단어의 해석이 전혀 달랐던 것이다.

이 경우 상사의 전달 부족이 원인이다. 서류의 전체적인 흐름과 결론은 정확하게 이야기할 필요가 있다. 그렇지 않으면 부하가 제출한 서류가 전혀 다른 것이 되어도 어쩔 수 없다. 그 이후 필자는 서류 작성을 부탁할 때 다음과 같은 점에 주의를 기울였다.

① 배경을 설명하고 자료 작성을 부탁한다

업무를 맡길 때는 전체적인 업무의 의의나 의미를 전달하고 '배경은 이러이러하니 이런 것이 요구 된다'라는 식으로 설명해야 한다. 이처럼 설명을 해두면 예상했던 서류가 올라온다.

단순히 '일을 맡기는 것'으로 취급하는 것이 아니라 전체를 움직이기 위한 중요한 존재로 다뤄야한다. 그래야 부하도 의욕이 생기고 성장에도 가속이 붙는다.

'이 자료는 어떤 상황에서 누구를 대상으로 무슨 목적으로 사용할지, 그래서 언제까지 필요하다', '이 자료의 우선순위는 그다지 높지 않다. 이 자료는 개요만 알 수 있으면 충분하다' 등을 전달할 필요가 있다.

그것을 전하지 않으면 부하가 필요 이상으로 노력과 시간을 들이는 경우도 있다. 필자도 그랬지만 상사에게 일을 부탁받으면 당연히 그 일이 최우선이라고 생각하기 쉽다. 배경을 정확하게 설명하면서 부탁하면 부하의 업무 효율에도 도움이 된다.

② 애매모호한 부분을 없앤다

기한을 '내일'이라고 말했을 경우, 부하 입장에서는 '내일 오전 9시'를 '내일 오후 11시 59분'으로 해석할 수 있다. 두루뭉술한 표현을 없애고 명확하게 전달해야 한다. 또한 모호함이 남아 있지 않도록 설명을 한 뒤에도 질문시간을 갖도록 하자

4 특정 부하에게 프로젝트를 맡기고 싶을 때

○ → "이토 씨라서 맡기는 거야. 그 상품하면 이토 씨지."
✕ → "이토 씨를 A상품 판촉 프로젝트 리더로 정했어."

특정 부하에게 프로젝트를 맡기고 싶을 때는 '그 사람이라서 맡긴다'는 것을 명확하게 해야 한다. '이 분야에 강한 이토 씨라서 부탁하고 싶다'고 전하는 것이다. 그러면 본인도 납득한 상태에서 업무를 맡게 된다.

그러나 사람에 따라서는 의욕이 생기는 포인트가 다르다. 사람들은 어떤 상황에서 업무에 대한 의욕이 생길까. 포인트는 크게 4가지 타입으로 나눌 수 있다. 이에 따라 프로젝트를 부탁할 때는 부하의 타입에 따라 응용하면 효과적이다.

다음은 각 타입의 특징과 의욕이 생기는 포인트에 대한 설명이다.

① 커리어 업을 지향하는 부하

승진, 승급과 같이 자기 자신의 시장가치가 올라가는 것을 중요시하는 타입이다. 커리어 업을 지향하는 부하에게는 '직급이 올라갈 가능성도 있는 중요한 업무라서 다른 사람에게 맡길 수 없다'는 것을 전하라.

"이 업무를 맡을 수 있는 것은 실적으로 봐도 이토 씨밖에 없어" 하고 실적을 중시하고 승진이나 승급과 연결된다는 것을 넌지시 알리는 것이다. 가령 지금 당장이 아니라도 승진. 승급의 가산점이 된다는 것을 알리면 의욕도 불타오를 것이다.

② 리스크 회피를 지향하는 부하

안정감을 원하고 리스크를 회피하려는 타입이다. 나쁘게 말하면 무난한 일, 최소한의 일만 처리하면 된다고 생각한다. 새로운 일을 자발적으로 하지 않고, 지금 하는 일만을 무난하게 처리하려는 생각을 가지고 있다.

리스크 회피 지향의 타입은 프로젝트를 맡았을 때의 리스크를 염두에 둔다. 또한 성격도 소심하다. 여기서 리스크가 적다는 것을 설명하는 안심재료를 전할 필요가 있다. '관련 부서에 미리 말해두었으니까', '작년 프로젝트를 맡았던 팀원 3명에게도 도우라고 말해 두었으니'와 같이 말하면 안심한다.

동시에 왜 그 사람에게 업무를 맡기는지도 정확하게 해야 할 필요가 있다. '이번 일은 세세한 부분에 주의해야 할 필요가 있으니 이토 씨가 적임자라고 생각해 부탁하고 싶다', '이토 씨가 아니

면 안 된다. 그 상품 하면 이토 씨니까!'

또한 이 타입은 '자기 혼자 책임을 지지 않아도 된다. 상사도 책임을 나눠질 것이다'와 같은 말에 안심하므로 '함께'라는 말에 약하다.

③ 도전을 지향하는 부하

커리어 업을 지향하는 부하와 마찬가지로 전력 질주하는 타입인데, 승진이나 승급보다 '전대 미문', '업계 최초', '난관'이라는 단어에 의욕이 생기는 타입이라서 자극을 원한다.

도전 지향의 사람에게는 '아직 아무도 생각지 못한 기획', '위험 부담은 있지만 성공하면 업계 최초'라고 말하면 열정을 쏟는다.

반대로 난관 돌파를 좋아하므로 '간단한 일이니까', '누구나 할 수 있는 일'이라는 말을 들으면 열정이 식는다.

④ 자유로움을 지향하는 부하

타인에게 지시받거나 속박을 싫어하는 타입이다. 스스로 할 수 있는 재량에 따라 의욕이 변한다. 자유 지향의 사람은 본인이 스스로 업무방향을 정하거나, 연구와 응용을 할 수 있도록 해줘야 한다.

또한 같은 일을 맡기더라도 '이 부분은 자유롭게 해도 좋지만, 이곳하고 이곳만 정해진 대로 해 달라'는 말보다 '이 두 가지 포인트만 살리고 나머지는 자유로운 발상으로 기획해 보라'고 말하는 쪽이 더 의욕을 불러일으킬 수 있다.

경험을 쌓게 하고
싶을 때

○ → "가서 깨지고 와, 나머지는 내가 책임질 테니."
X → "하는 것까진 좋은데 끝까지 책임지라고."

    부하가 성장하기를 바란다면 계속해서 새로운 일에 도전할 수 있도록 이끌어야 한다. 당연히 실패할 위험이 있다. 실패가 두려워 도전하지 않는다면 부하와 팀은 성장할 수 없다. 오히려 급변하는 시대에 뒤처지는 결과를 초래할 수 있다.

    성장에는 실패가 따른다. 전 프로야구감독 노무라 가츠야 씨는 실패라 쓰고 '성장'이라 읽는다고도 말했다. 상사는 실패하더라도 다시 수정하면 된다는 '수정주의' 사고를 가져야 한다.

    그러기 위해서라도 상사는 실패를 두려워해서는 안 된다. 실패를 허용하는 자세를 가져야 한다. 단 상사가 도전시키려 해도 부하가 도전을 피하는 경우도 적지 않다. 상사가 부하에게 책임을 전가하는 경우가 있기 때문이다.

여기서 처음으로 부하가 생겼을 무렵의 이야기를 해보자면, 필자는 처음 막 팀장이 되었을 때 실패를 두려워하고 있었다. 팀이나 팀원의 성장이 아니라 실패하지 않는 조직을 만들고자 했다. 이른바 감점주의를 채택하고 있었던 것이다. 따라서 새로운 도전을 하고 싶다는 부하의 제안을 일축하며 피하곤 했다. 다른 사람의 의견을 수용하지 못했다.

사람은 의견이 받아들여지지 않으면 의욕을 잃고 만다. 당시의 필자는 받아들이기는커녕 듣지도 않았다. 팀원 중에서 퇴직자도 여럿 나오고 팀 실적도 최하위까지 떨어져 버렸다.

그러던 중 부하가 과장인 필자를 건너뛰고 직접 부장님에게 행사계획서를 올린 것이다. 부장은 새로운 것에 도전하는 것을 좋게 생각하는 분이라 제안은 통과되었다. 한심하게도 과장인 필자는 부장으로부터 그 이야기를 전해 들었다.

그 부하에게 화가 나 이런 말을 내뱉고 말았다. '하는 것까진 좋은데 끝까지 책임지라고.'

이런 말을 들으면 부하는 의욕이 사라지고 말 것이다. 실패하면 안 된다는 생각만 머리에 가득해 제대로 일을 할 수 없게 된다. 결국 그 행사에서 그다지 좋은 결과를 얻지 못했다. 필자는 '역시 결과가 안 좋군. 쓸데없는 짓 하지 말라니까'하고 부하에게 말했다. 그것을 들은 부장님이 즉각 필자를 호출했다. '열심히 하는 사람을 방해하는 팀장은 필요 없네'라며 질책했고 그 후 필자는 하위

직급으로 강등되었다. 지금 생각하면 당연한 결과였다.

수개월 후 필자는, 실적도 좋고 사이도 좋은 팀의 과장과 부하가 대화하는 것을 우연히 듣게 되었다. '가서 깨지고 와. 나머지는 내가 책임질 테니까.'

이 말을 들은 부하는 활기차 보였다. 당연하다. 이런 말을 들으면 큰 부담 없이 일을 할 수 있다. 이 과장을 보고 필자는 처음으로 리더의 자세에 대해 깨닫게 되었다.

부하에게 경험을 쌓게 할 때는 부하의 불안요소를 최대한 줄여줘야 한다. 부하는 실패할지도 모르고 그 책임을 상사가 져야 할지도 모른다. 하지만 상사에게는 용기가 필요하다. 그 용기를 담는 그릇의 크기에 부하는 따라오게 되어 있다. 속으로는 좌불안석일지도 모르지만 책임을 질 수 있는 상사가 되자. 결과적으로 부하가 자발적으로 움직이는 강한 조직이 완성된다.

6

업무를 맡기고 싶은 부하가
자신 없어 할 때

○ → "어떤 점이 자신이 없어?"
X → "그런 소리하고 있다가는 성장 못해."
X → "내가 자네만 할 때는 뭐든 하라는 대로 했다고."

상사 입장에서는 부하가 성장할 수 있는 업무를 맡기고 싶다. 하지만 부하가 '못하겠습니다', '자신 없습니다'라는 말을 하면 '어렵게 기회를 줬는데'라는 말이 나온다.

그럴 때 예전의 필자는
"그런 소리하고 있다가는 성장 못해."
"자네 생각해서 맡긴 건데 일할 생각은 있는 거야?"
"내가 자네만 할 때는 뭐든 하라는 대로 했다고."

이런 말로는 부하의 반발심을 살 뿐이다. 그렇다면 어떻게 대응해야 할까. 이 경우 일단은 '못하겠다', '자신 없다'라고 하는 부하의 의사를 들어주고 앵무새 화법으로 대응하자. 말은 안 하지만 자신 없는 표정일 때도 마찬가지이다. 부하가 한 말을 다시 되풀이하는 것만으로도 부하는 자신의 의견을 들어 주었다고 생각하기 마련이다. '걱정해 주고 계시구나. 하지만 상사에게 폐를 끼치고 싶지는 않은데'와 같은 마음이 들 것이다. 덧붙여 '어느 부분이 자신 없어?'라고 묻는다. 이 경우 2개의 상황이 있을 수 있다.

① 전체적으로 자신이 없다

4-④에서 서술한 리스크회피 타입의 부하처럼 실패하는 것을 두려워하는 부하도 있다. 그런 부하에게는 4-⑤에서 기술한 대로 '내가 책임질 테니까'라고 말해준다.

대화의 예를 들어보자.

상사 "나카니시 씨, 다음 달부터 A사를 담당해줘. A사는 큰 고객이니까 보람도 있을 거야."

부하 "네? A사 말인가요? 과장님 제가 할 수 있을까요? 자신이 별로 없어요."

상사 "그래? 자신이 별로 없단 말이군. 어떤 점이 자신 없지?"

부하 "실패하면 어떡하나 싶어서요."

상사 "그렇군, 걱정되겠지. 내가 책임질 테니까 걱정 말고 한번 해봐."

이처럼 말해주면 나카니시 씨도 담당을 맡아줄 것이다.

② 부분적으로 자신이 없다

부하의 '자신 없다'라는 대답에는 구체적인 이유가 포함되어 있는 경우도 있다. 이 경우는

"어떤 부분이 자신이 없는데?" 하고 물어보자.

> **상사** "나카니시 씨, 다음 달부터 A사를 담당해줘. A사는 큰 고객이니까 보람도 있을 거야."
>
> **부하** "네? A사 말인가요? 과장님 제가 할 수 있을까요? 자신이 별로 없어요."
>
> **상사** "그래? 자신이 별로 없다고? 어떤 점이 자신 없는데?"
>
> **부하** "제가 호텔업계 쪽 고객은 담당을 안 해 봐서요."
>
> **상사** "그렇군. 그렇다면 호텔업세에 대헤 좀더 설명을 해줄까?"

이렇듯 자신이 없는 부분을 지원하는 말을 하면 부하는 적극적이 될 것이다.

7

실적이 좋은 영업사원에게 더 큰 활약을 기대할 때

○ → "팀 매출 목표달성이 눈앞이야. 앞으로 100만 엔만 더 매출을 올려주면 좋겠는데."

X → "팀을 위해 앞으로 100만 엔 정도 더 부탁해."

영업 관리를 맡고 있던 시절의 에피소드를 소개하려 한다. 영업의 월 마감이 3일 남은 시점에서 매출목표 달성율은 90퍼센트였다. 이대로라면 목표 달성이 어려울 것 같았다.

이미 목표를 달성한 팀원은 11명 중 단 2명이었다. 그중 1명은 신입사원으로 그 이상 매출을 기대하기란 어려웠다. 남은 1명은 팀 에이스 T씨. 회사를 통틀어 3개월 연속 1등이라는 실적을 보유하고 있었다.

실은 지난달도 팀을 위해 T씨의 개인목표를 마지막 주에 상향 수정했다. 당연히 아직 달성하지 못한 다른 팀원들의 질타와 격려도 필요하지만 그것만으로는 부족해 이번 달에도 T씨에게 좀더 힘써줄 것을 부탁해야만 했다.

이 경우 T씨에게 부탁하는 자세가 중요하다. 사실 실적 1위는 평소에 칭찬받는 일이 의외로 적다. '잘하는 게 당연하다', '그 사람은 원래 영업체질이니까'라고 생각하기 때문이다.

주위에서 그에게 말을 할 때는 실적이 떨어졌을 때와 팀을 위해 도와달라고 할 때뿐이다. 당연히 불만이 쌓이게 될 것이다.

지난달에 이어 또다시 상향수정을 부탁했다가는 T씨의 의욕이 사라질지 모른다. 하지만 팀의 6개월 연속목표달성에는 T씨의 도움이 필요했다.

고민하던 필자는 상사인 영업부장과 의논했다. 부장은 우수 영업사원에게 좀더 수고해달라고 부탁하려면 2개의 포인트가 중요하다는 이야기를 해주었다.

① 당연하다는 듯한 인상을 주어서는 안 된다

'팀을 위해 앞으로 100만 엔 정도만 더 부탁해'라고 말했다가는 반발을 살 수도 있다. T씨 입장에서는 '지난달에도 그랬잖아요. 목표달성을 못한 다른 팀원들한테 얘기하세요'라고 생각할 수도 있다. 이런 생각이 들지 않도록 상사가 다소 저자세가 되어야할 필요가 있다.

우선 이번 달에 달성한 실적에 대해 치하하는 말을 하면서 부탁하는 것이다.

"이번 달에도 목표를 달성해 줘서 고맙네. 팀 목표도 눈앞이야. 자네가 조금만 더 힘을 내주면 좋겠네."

이렇게 부탁을 받으면 팀원에게도 충분히 인정받고 있다는 생각을 하게 될 것이다. 실제로 T씨도 개인목표 상향 조정을 받아들였다.

② '함께'라는 말을 강조한다

우수 영업사원들은 의외로 고독하다. 게다가 목표 상향조정을 하면 '또 나야?'라는 생각을 가질 수도 있다. 그래서 더더욱 '함께 팀 목표 달성을 위해 애써주지 않겠나?'라고 말하는 것이다. 그러면 자신이 힘이 되고 있다는 생각에 적극적이 된다. 경우에 따라서는 영업비결을 후배들에게 적극적으로 알려줄지도 모른다.

5장

부하의
사기를
끌어올리는
격려법

그 방법은
아주 좋았어.

제안이 부결된
부하에게

○ → "난 좋았지만 이 부분을 납득시키지 못한 것 같아. 대안을 함께
     생각해보자고."
X → "부장님이 안 된다고 하셨어."
X → "방침과는 다르대."

과장이던 필자는 부하가 제안한 기획이 좋아서 부장님께 보고
했다. 그러나 부장님은 그 안건을 부결했다. 이럴 때 당신은 부하에
게 어떻게 조언하겠는가?

예전의 필자는 이렇게 말했다.

상사 "수고 많네. 잠시 시간 좀 내줄 수 있겠나?"

부하 "네."

상사 "지난번에 제출한 연말홍보행사 기획 말인데, 글쎄 부장님이 안
     된다고 하시네."

부하 "……(그럼 과장이 하는 역할이 뭔데?)"

상사 "별수 없지. 다른 기획을 올려봐."

부하 "……(관두자, 관둬. 어차피 안건 올려봤자 마찬가지일 테니)"

이런 식으로 했다가는 부하의 사기가 꺾이고 만다. 이 경우 부하의 분노는 부장이 아니라 과장인 필자를 향한다. 의견을 부결시킨 것은 부장이지 않나? 하는 의견도 있을 수 있지만 그래도 과장에게 화가 나는 것이다.

물론 과장이 약속하거나 방침을 지시하더라도 위에서 변동이 생길 수도 있다. 또한 자신이 사장이 아닌 이상 의견이 다를 수도 있다. 모든 의견이 통할 수는 없다.

"위에서 그러라는 걸."

"부장님이 안 된대."

"방침이 다르대."

이처럼 핑계를 대고 싶을 수도 있으나, 이런 말투는 단순히 책임을 피하려는 태도이다. 부하가 듣고 싶은 말은 위에서 하는 말이라든지, 규정이 어떻다든지, 방침이라든지 하는 말이 아니다.

당신이 어떻게 생각하고 어떤 부분을 수정해야 할지, 당신의 의견을 듣고 싶은 것이다. 그렇지 않으면 부하는 납득할 수 없고 상사의 존재 자체가 무의미해진다.

'위에서 안 된대'가 아니라 '어떤 점이 부족했는지'의 해석 작업이 필요하다. 그러고 나서 앞으로 함께 대안을 생각해 보자고 말해야 한다. 그렇게 말하면 부하도 납득하고, 다음번에는 어떻게 하겠다는 개선책을 생각하게 된다. 사기가 떨어질 일은 없다.

그렇다면 다음과 같이 말해보자.

상사 "수고 많네. 잠시 얘기 좀 할 수 있을까?"

부하 "네."

상사 "얼마 전 올린 연말 홍보행사 안건 말인데, 기획이 부결됐어."

부하 "…….(뭐가 부족한 거였지?)"

상사 "상품이 많아서 예산이 너무 많이 든다는 의견이야."(→ 사실을 전한다)

부하 "…….(그랬군)"

상사 "예산이 많이 드는 건 사실이야. 진작 파악했어야 했는데 미안하네."(→ 상사로서 부족했던 부분을 인정한다)

부하 "그렇군요."

상사 "10개를 3개로 줄여서 진행하면 어떨까 하는데. 그렇게 되면 광고비도 조금은 절약할 수 있지 않을까?"(→ 방향성을 제시한다)

부하 "말씀을 듣고 보니 그러네요."

상사 "이번 주 수요일이나 목요일 오후에 함께 생각해보는 건 어때?"

부하 "그럼 수요일 오후 3시에 부탁드려도 될까요? 그때까지 저도 대안을 생각해 보겠습니다."(→ 좋아, 다시 해보자는 의욕이 생긴다)

2

실수로 인해
의기소침해진 부하에게

○ → "인간은 완벽하지 않으니까 실수하면서 발전하는 거야."
○ → "힘들겠지만 잘 이겨내면 지금보다 더 큰 자신감이 생길 거야."

　　주요 서류에서 한 줄을 누락시키는 바람에 예정대로 계획을
진행시킬 수 없었고, 이로 인해 거래가 끊기고 만 아오키라는 부하
가 있었다. 그 거래처는 사내에서도 세 손가락 안에 드는 큰 거래
처였기 때문에 실수를 한 아오키 씨는 몹시 자책하고 있었다.

　　아오키 씨의 소문이 사내에 퍼졌고 그는 누군가가 자신에 대
한 이야기를 하고 있는 건 아닐까 자꾸만 신경 쓰게 되었다.

　　월요일에 출근한 아오키 씨는 여전히 풀이 죽어있었다. 이런
상황에서 부하를 다그치는 상사도 있는데, 그래서는 안 된다.

　　아무리 상사라도 부하가 주눅 들어 있을 때 계속해서 다그치
고 질책하는 건 절대 금물이다. 부하가 자신감만 잃게 될 뿐 좋은
점이 하나도 없다. 물론 실수를 한 부하에게는 큰 책임이 있다. 그

렇다 하더라도 질책만 하는 것은 부하를 더욱 망가뜨리는 일이라는 사실을 명심하자. 자칫 정신적으로 피폐해져 회사를 그만 두는 사태가 벌어질 수 있다. 또한 실수를 은폐하고 보고를 하지 않으려는 사태를 초래할 수도 있다.

누구나 일부러 실수를 하지는 않는다. 그렇다고 없던 일로 할 수도 없는 일이다. '왜?'라고 과거의 실수까지 끄집어내 다그쳐도 아무것도 변하지 않는다. 오히려 주눅이 들어 있다는 것은 반성하고 있다는 뜻이다. 그렇다면 자책감에서 해방시켜 주는 것이 가장 좋다.

그러기 위해서는 다음 3가지를 염두에 두도록 하자.

① 자신의 실수담을 들려준다

'실수한 부하'에게 상사가 자신의 실수담을 고백하는 것이다. 부하 입장에서는 상사도 이런 실수를 했었구나 하고 공감하게 된다.

실수를 할 것 같지 않은 상사의 말은 별로 설득력이 없어 보이지만 실수를 있는 그대로 열어 보이는 상사의 말은 부하의 마음을 움직이게 한다.

"사람은 완벽하지 않으니까 실수를 통해 발전하는 거야"라는 조언도 자연스럽게 받아들일 수 있을 것이다.

② 미래지향적으로 조언한다

'타인과 과거는 변화시킬 수 없지만 자신과 미래는 변화시킬 수 있다'라는 윌리엄 글래서(William Glasser, 미국의 정신의학자-옮긴이)의 말처럼 과거를 바꿀 수는 없다. 실수를 한 사실은 변하지 않는다. 부하는 이미 반성을 하고 있다. 이 경우 '힘들겠지만 이걸 잘 극복하면 지금보다 더 큰 자신감이 생길 거야'라고 미래지향적인 조언을 해주자. 과거를 들춰내 질책해봤자 아무런 해결책이 되지 못한다.

③ 기분을 알아주고 개선책을 함께 생각한다

큰 실수를 저지른 부하에게는 그 기분을 헤아려주고 격려하는 것이 필요하다. 그렇게 하면 부하의 마음도 편해질 것이다. 그리고 함께 개선책을 의논하면 된다. 또한 작은 개선이나 변화가 보일 때는 의식적으로 칭찬하도록 한다.

상사 "지난주는 많이 힘들었지? 주말엔 푹 쉬었나?"(→ 기분을 헤아린다)

부하 "아닙니다, 이번 실수는 제 책임인 걸요. 정말 죄송합니다."

상사 "나도 입사 2년차에 엄청난 실수를 했었어. 고객은 화가 났고 여기저기서 책임추궁을 받느라 힘들었지."(→자신의 실수담을 들려준다)

부하 "과장님도 그런 일이 있었어요?(놀란다)"

상사 "그럼. 그때는 나도 아오키 씨처럼 힘들어했지. 필사적으로 여기저기 교섭한 결과 다른 수정안이 통과됐지. 그게 지금의 B사야."

부하 "B사 말씀인가요? 지금 우리 회사의 가장 큰 고객이잖아요?"

상사 "그래 맞아. 그 실패가 큰 경험이 됐지. 그 후론 신중하게 검토하
는 습관이 생겼어. 사람은 완벽하지 않으니까 실수를 통해 발
전하는 거야."

부하 "네."

상사 "지금은 힘들겠지만 잘 이겨내면 지금보다 더 큰 자신감이 생길
거야. 오후라도 좋으니 이번 안건에 대한 개선책에 대해 함께
생각해볼까?"(→미래지향적으로 개선책을 함께 생각한다)

부하 "네, 잘 부탁드립니다.(표정이 밝아진다)"

3

열심히 했는데도
결과가 좋지 못한 부하에게

○ → "속상하겠지만 다음엔 좋은 결과가 있을 거야."
○ → "이번엔 정말 애썼네."(과정을 인정해준다)
X → "미련 떨어봤자 소용없어."
X → "그깟 일로 의기소침해지기는."

거액의 매출이 예상되는 C사를 두고 경쟁공모가 있었다. 1주일 동안 밤낮으로 공모자료를 만들거나 여기저기 분주하게 뛰어다녔던 야마나카 씨였으나 안타깝게도 경쟁에서 떨어지고 말았다. 월요일이 되어도 야마나카 씨는 여전히 풀이 죽어 있었다. 기분은 이해하지만 이대로라면 다른 업무도 진행할 수 없게 된다. 앞서 말했듯이 과거는 바꿀 수 없다. 그렇게 생각한 과장은 야마나카 씨에게 앞으로 잘하자는 뜻으로 말을 걸었다.

상사 "야마나카 씨, 수고했어. C사의 경쟁공모 결과는 안타깝게 됐어."

부하 "네……."

상사 "이번 일은 그만 잊어. 속상해도 이미 지난 일이야. 그깟 일로 의
기소침해지기는. 자, 다음 일이나 열심히 하자고."(→결과만을 본
다)

부하 "속상해 하지 말라니, 과장님은 전혀 이해 못하시는군요?"

상사 "뭐야, 그 말투는. 지나간 일에 미련 떨어봤자 소용없다는 걸 알
잖아? 게다가 다른 업무는 손도 안 대고 있잖나?"

부하 "…….(이게 무슨 상담이람)"

상사 "그만하고 기운 내!"

과장은 야마나카 씨의 예상치 못한 반발에 짜증이 나 호통을
치고 말았다. 이러면 부하는 과장의 말을 신뢰하지 않게 된다. 과
장은 위로를 하려는 마음으로 '그만 잊으라'고 말했으나 야마나카
씨는 그 말에 오히려 화가 났다.

왜 이러한 결과를 가져온 걸까?

애초에 과장과 야마나카 씨 사이에는 커다란 온도차가 있었
다. 물론 두 사람은 업무의 역할이 다르다. 야마나카 씨에게 C사의
경쟁공모는 영업실적이라는 관점에서 보면 상당히 중요했을지도
모른다. 한편 과장 입장에서는 아직 고객도 아닌데다 경쟁도 심한
C사는 그렇게까지 공을 들일 대상이라고 생각하지 않았을 수도
있다.

하지만 야마나카 씨 입장에서는 무척 열심히 일한 업무였다.

'그깟 일'로 치부하는 것은 바람직하지 않다. 설령 과장이 그렇게까지 생각하지 않고 다만 격려를 하려던 의도였다 하더라도 야마나카 씨 입장에서는 반발심을 갖게 된다.

이 경우 어떻게 대응했어야 좋았을까?

상사 "야마나카 씨, 수고했어. C사의 경쟁공모 결과는 안타깝네."

부하 "네……."

상사 "정말 속상하군. 이번에 아주 잘했으니까 다음엔 꼭 될 거야."(→ 부하의 기분을 헤아리고 격려한다)

부하 "네……. 결과가 좋지 못해 죄송합니다."

상사 "사과할 것 없네. 야마나카 씨는 정말 열심히 했는걸."(→과정을 본다)

부하 "아니에요. 제 능력이 모자랐어요."

상사 "이번 경쟁공모에서 반응이 좋았던 점은 어떤 것이었나?"(→긍정적인 방향으로 화제를 돌린다)

부하 "아, 네. 기획내용 자체는 마음에 든다고 하더군요."

상사 "우와, 상대가 내용에 만족했다니 좋은 일이군. 다음엔 이렇게 해야지 하는 점은 있었나?"(→미래지향적으로 행동개선을 유도)

부하 "네. 이번에 가격경쟁에서 졌기 때문에 좀더 저렴한 구입처를 찾아볼 생각이에요."

포인트는 다음 2가지이다.

① 결과만이 아니라 과정까지 본다

과정을 보면 쉬이 '그깟 일로'와 같은 말은 하지 못했을 것이다. 부하의 마음을 헤아리고 격려해야 했다.

② 나쁜 결과라도 긍정적인 방향으로 화제를 돌린다

결과만 본다면 손해라는 생각이 들지라도 미래지향적으로 생각하면 도움이 되는 일이 있을 것이다. 좋은 쪽으로 생각했다면 가벼이 여기지 않았을 것이다.

4

프로젝트를 맡겼는데
앓는 소리를 하는 부하에게

> X → "그런 소리 말라고, 앓는 소리 해봤자 별수 있어?"
> ○ → "그렇군. 어느 부분이 그렇게 자신 없나?"
> ○ → "최악의 경우 어떤 문제가 있을 수 있지?"

프로젝트를 맡긴 이상 마지막까지 책임을 다해 주었으면 하는 것이 상사의 바람일 것이다. 그러나 도중에 앓는 소리를 하는 부하도 있다.

이것은 어느 거래처의 사례이다. 한 점포의 신규 오픈을 맡았던 부하가 앓는 소리를 했다. 그때 다음처럼 엄하게 대응했다고 한다.

부하 "팀장님, 시간 괜찮으세요?"
상사 "뭔데?"
부하 "내년 1월에 오픈예정인 가와사키 지점 말인데요, 뭔가 불안 불안해요. 같은 업계인 B사의 가와사키 지점도 매출이 저조해서 폐점한다는 정보가 있어요."

상사 "이제 와서 무슨 소리야. 앓는 소리 해봤자 별수 있어?"(→고압적으로)

부하 "죄송합니다.(어떻게 해야 할지 고민이다)"

상사 "정신상태가 글러서 그래. 정신 똑바로 차리라고."

부하 "네……(이게 정신만 차린다고 될 일인가. 이거 큰일인걸)"

부하의 앓는 소리는 어쩌면 '보연상'일 수도 하다. 게다가 본심에 가깝다. 하지만 상사입장에서는 좀더 강하게 단련시키고 싶을 수도 있다.

가와사키 지점의 오픈은 상사인 자신의 제안이었기 때문에 부하의 부정적인 의견 따위는 듣고 싶지 않았다고 한다.

상사 입장에서는 부하의 앓는 소리 같은 건 당연히 듣고 싶지 않을 것이다. 앓는 소리를 하다니 한심하다 싶고, 한번 하겠다고 했으면 포기하지 말라는 말도 하고 싶을 것이다.

하지만 앓는 소리에는 진짜 정보도 들어있다. 앓는 소리를 하는 부하는 정보를 알려주는 부하이기도 하다. 그대로 일축시켜버린다면 안 좋은 소식은 보고하지 않게 될 가능성이 커진다. 실제로 그날 이후부터 이 가와사키 지점을 맡았던 부하는 안 좋은 일은 보고하지 않게 되었다고 한다. 아마도 꾸지람을 듣는 게 싫었을 것이다. 꾸지람을 들을 바에야 그냥 모른 척 잠자코 있는 것이 낫다고 판단한 것이다.

결국 팀장이 상황을 알게 된 것은 더 이상 손을 쓸 수 없게 된 후였다. 오픈은 했지만 6개월 만에 문을 닫고 말았다. '그때 부하의 말을 들을걸 그랬다'고 팀장은 후회했다.

상사는 일단 부하 직원의 앓는 소리에 귀를 기울이도록 하자. 그러고 나서 문제점이 무엇인지 찾아서 해결책을 마련하는 것이다.

부하 "팀장님, 시간 괜찮으세요?"

상사 "뭔데?"

부하 "내년 1월에 오픈 예정인 가와사키 지점 말인데요, 뭔가 불안 불안해요."

상사 "그래? 어떤 부분이 불안한지 자세히 말해보게."(→ 부하의 의견을 수용+자세한 정보를 얻어낸다)

부하 "같은 업계인 B사의 가와사키 지점도 매출이 저조해서 폐점한다는 정보가 있어요."

상사 "그래? 최악의 경우 어떤 문제가 있을 수 있지?"(→ 미래지향적으로 질문한다)

부하 "예상한 대로 고객을 확보할 수 있을지 의문이에요."

상사 "마케팅부에 연락해서 협조를 구하고 좀더 자세히 알아보게나."(→ 제안한다)

이처럼 부하의 앓는 소리라도 일단 수용하고 함께 해결하려 했다면 어쩌면 다른 결과가 있었을 수도 있다. 물론 부하의 앓는 소리는 단순히 불안한 마음에서 그럴지도 모른다. 그러나 한편으로는 그곳에 정보가 있는 경우도 적지 않다. 무조건 부정하지 말고 정보를 얻을 수 있는 좋은 기회라고 생각하자.

6장

부하에게
의욕과
깨달음을 주는
소통법

○○ 씨의 방법을
부하들에게
소개하고 싶어요.

1

실적이 나쁜 부하에게

○ → "자네가 작성한 기획서는 이해하기가 쉽군. 영업할 때 뭔가 어려운 점은 없나?"

X → "언제 실적 올릴 거야?"

실적이 저조한 부하에게는 자꾸 잔소리를 하게 된다. 그러나 실적이 저조한 데에는 나름의 이유가 있고 그것을 극복하지 않으면 해결로 이어지지 않는다.

그러기 위해서는 부하의 현 상태를 잘 파악하고 있어야 한다. 우선은 부하가 상담을 요청하기 편한 분위기를 만들 필요가 있다. 필자도 그랬지만 실적이 나쁠 때는 상사의 근처에도 가고 싶지 않다. 질책을 받을까 두려워 자꾸만 피하게 된다.

다시 말해 계속 질책만 하면 부하가 멀어지므로 진짜 문제점을 파악하기 어려워진다. 이래서는 언제까지고 해결할 수 없다.

우선 부하의 장점을 찾아 칭찬해보자. 뭐든지 좋다. 기획서 작성을 잘한다든지, 인사성이 밝다든지 뭐든 상관없다. 사람은 칭찬을 받으면 상대에게 마음을 연다. 그리고 문제점을 물어보면 된다.

영업과장이 실적이 나쁜 부하를 질책해 실패한 경우다.

상사 "다카이 씨, 요 근래 실적이 저조하군. 일할 생각은 있는 거야?"

부하 "죄송합니다. 열심히 하겠습니다."

상사 "대답은 잘하지. 얼마 전에도 소비자 항의가 들어왔잖아. 이제 좀 알아서 할 때도 됐지 않나?"

부하 "네, 죄송합니다.(어서 이 자리를 뜨고 싶다)"

이 질책이 좋지 않은 점은 다음 2가지이다.

① 전부 나쁜 쪽으로 해석하게 만든다

'실적이 나쁘다=전부 나쁘다'가 되어 버렸다. 이것은 자신감을 떨어뜨릴 뿐이다. 또한 '일할 생각은 있는 거야?'라는 식의 잔소리는 아무런 해결책이 되지 못한다. 부하에게 잘못했다는 말을 듣고 싶어 하는 상사의 이기심일 뿐이다.

② 과거의 소비자 항의 건까지 들춰내 꾸짖는다

지금 당장의 일이 아니라 '그때도 이랬지', '그런 일도 있었지' 등등 과거 문제까지 들춰내서 꾸짖는 것을 좋지 않다. 반드시 현재 해당하는 사항만 꾸짖어야 한다.

이 경우 다음과 같이 말했다면 좋았을 것이다.

상사 "수고했어, 다카이 씨. 지난번에 올린 보고서, 이해하기 쉬워서 아주 좋았어."(→ 먼저 칭찬으로 긴장을 풀어준다)

부하 "감사합니다."

상사 "그나저나 이번 달도 반이 훌쩍 지났는데 실적이 저조하군그래."(→ 사실을 지적한다)

부하 "네, 이번 달도 죄송합니다."

상사 "사과하지 않아도 돼. 열심히 하고 있다는 건 아니까."(→ 신뢰하고 있음을 전한다. 열심히 하지 않았던 부하는 반성한다)

부하 "네."

상사 "영업할 때 뭔가 어려운 점은 없나?"

부하 "신규고객 확보가 어렵습니다. 요즘 고객과 면담약속은 잡을 수 있게 됐는데, 그 이후가 잘 안 됩니다."

상사 "면담약속을 잡을 수 있게 되었군. 그거 잘 됐네. 그 후 어떻게 이야기를 이끌어가나? 좋은 방법이 없을까 함께 생각해보세."(→ 성장을 인정한다)

이처럼 우선 칭찬해서 긴장을 풀어준다. 그러면 부하는 자신의 성과를 인정받고 있다는 생각을 하게 되고 상담하기 편한 분위기가 된다. 실적이 나쁜 부하에게 가장 중요한 것은 현재 직면하고 있는 문제를 유출하고 해결하는 것이다.

무턱대고 화를 내면 부하를 위축시키기만 할 뿐 아무 해결책
이 되지 못한다.

2

실적은 좋지만 팀워크를 생각해 주었으면 하는 부하에게

○ → "항상 열심히 해줘서 고맙네. 차기 팀장으로서 후배도 살펴주면 좋겠어."

X → "실적도 좋으니 팀원도 생각해서 행동해주길 바래."

팀 실적을 올리고 싶은 팀장. 한편에선 개인의 실적만 올리면 된다고 생각하는 팀원. 이 두 사람은 때로는 대립을 불러올 수 있다.

필자도 이러한 경험이 있다. 필자가 영업 팀장이었을 무렵 나카니시 씨라는 우수 영업사원이 있었다. 어느 달 중순의 일이다. 그는 6개월 연속으로 개인목표를 달성했다. 큰 거래처를 두 군데나 보유하고 있어 월말에도 비교적 여유로웠다. 다음 달을 위해 약간의 여력을 남겨둔 것처럼 보였다.

그러나 팀은 목표달성이 어려운 상황이었다. 지난달까지 3개월 연속으로 팀도 목표를 달성했지만 그중 2개월은 보름이 지나도 팀 실적이 좋지 않아 나카니시 씨의 목표를 100퍼센트에서 105퍼센트로 상향 조정했던 것이다.

필자는 그를 차기 팀장으로 생각하고 있었기 때문에 이번 달 목표도 상향 조정하고 후배 팀원들의 동행 영업도 거들며 팀을 위해 일해 달라고 부탁했다. 그가 협조하지 않을 이유가 없을 듯하여 부탁했는데 생각지도 못한 반응을 보였다.

다음과 같은 대화였다.

상사 "수고했네. 이번 달도 슬슬 후반전이군. 나카니시 씨는 곧 목표 달성하겠어."

부하 "네.(또 상향조정해달라는 소린가? 이제 좀 그만하시지)"

상사 "이번 달도 보다시피 팀 실적이 별로야."

부하 "아, 네.(그럴 줄 알았어. 또 상향조정일 테지)"

상사 "이번 달도 팀을 위해 목표를 올렸으면 하는데."

부하 "그러실 거라 생각했습니다.(짜증나는군)"

상사 "그리고 신입인 기무라 씨하고 니시나 씨가 고전하고 있네. 동행 영업으로 본보기를 좀 보여 줬음 좋겠는데."

부하 "동행까지 하라고요? 매출목표도 상향조정해서 제 앞가림하기도 힘들어요.(왜 나만 자꾸)"

상사 "팀 에이스니까 실적에 더해서 다른 팀원들도 좀 챙겨 줘."

부하 "아, 네.(납득하지 못한 표정으로)"

이런 식으로 말했으니 부하인 나카니시 씨도 납득할 수 없었을 것이다. 지금이라면 그렇게 하지 않았을 테지만 그때는 정말 몰랐었다.

이렇게 하면 의욕을 잃고, 개인의 영업실적마저 떨어질지 모른다. 사람은 돈과 명예만으로는 동기부여를 조절할 수 없기 때문이다. 다음과 같이 능력을 인정하면서 이야기했더라면 좋았을 것이다.

상사 "수고했네. 이번 달도 슬슬 후반전이군. 나카니시 씨는 곧 목표 달성하겠어."

부하 "네.(상향조정이라는 걸 이미 예상하고 있다)"

상사 "이번 달도 보다시피 팀원 실적이 별로야."

부하 "네, 그렇군요.(알고 있으니 어서 본론을 말하라고)"

상사 "나카니시 씨, 항상 열심히 해줘서 고맙게 생각하고 있어. 정말 큰 도움이 되네."(→I메시지(I메시지는 화자의 생각을 전하는 대화법으로 옆에서 지켜보는 시선, 정서적, 주관적, 선택의 여지가 있는 데 반해, U메시지는 상대에게 명령을 내리거나 단정 짓는 대화법으로, 아들러의 심리학 연구에 등장하는 대화법이다 - 옮긴이)로 칭찬한다)

부하 "네.(무슨 말을 하려는 거지?)"

상사 "항상 부탁만 해서 미안하지만, 이번 달도 목표보다 좀더 매출을 올려줬으면 좋겠어. 그리고 차기 팀장후보로서 다른 후배팀원들도 챙겨주면 좋겠고. 팀장이 됐을 때 도움이 될 거야."(→완곡표현을 쓴다)

부하 "네? 상향조정에다가 다른 팀원까지요?"

상사 "힘들다는 건 알아. 하지만 부탁하네. 나카니시 씨를 차기 팀장으로 추천하고 싶어. 나도 예전에 상사한테 후배영업에 동행하라는 말을 들었을 때는 좀 성가시다고 생각했어. 하지만 지금 생각해보면 그런 경험이 있었기 때문에 순조롭게 관리직으로 이행할 수 있었다네."(→부탁하는 이유를 명시+자기고백)

부하 "그렇군요. 열심히 하겠습니다."

포인트는 다음 2가지이다.

① 팀워크를 생각해 주었으면 하는 이유를 확실하게 명시한다

나쁜 대화법의 예에서는 팀워크를 생각하는 것은 당연하다고 말하고 있다. 그런 말에 부하가 납득할 리가 없다. 좋은 대화법의 예에서는 나카니시 씨를 팀장후보로 추천하겠다는 이유를 명시하고 있다.

사람은 납득할 이유가 있어야 움직인다. 종신고용제도가 붕괴된 현재 '팀(회사)을 위해서'라는 말로 부하는 움직이지 않는다.

② 부탁을 할 때는 완곡 화법으로 칭찬한다

필자도 그랬지만 실적이 좋은 사람, 능력이 있는 사람에게는 업무가 몰리기 마련이다. 이 정도면 괜찮겠지 하고 부탁하더라도 당사자 입장에서는 부담이 될 수도 있다. '매번 부탁해서 미안하지만'이라는 완곡표현을 써보자.

상사가 저자세로 부탁을 하면 부하는 적극적으로 받아준다. 당연하다는 식으로 부탁을 하니까 부하의 반발을 사는 것이다.

3

열심히 하는데도 성과가 없는 부하에게

○ → "언제 봐도 열심이군. 나도 예전에 좀처럼 계약을 못 따던 시절
　　이 있었는데, 뭔가 해결이 안 되는 문제라도 있나?"

X → "영업은 결과가 모든 걸 말하는 거야. 좀더 발품을 팔라고."

X → "왜 못하는 거야?"

○ → "무슨 문제라도 있는 건가?"

　　좀처럼 성과가 없는 부하에게 분발하라고 따끔한 말을 했다가
는 역효과가 나기 마련이다. 필자가 처음 영업팀장이 되었을 때의
사례를 소개한다.

상사 "수고했어. 이번 달도 진행률이 70퍼센트 이상은 올라가지 않는
　　　군. 이러다가는 목표달성이 힘들겠어."

부하 "네. 죄송합니다.(빨리 끝났으면 좋겠다)"

상사 "왜 못하는 거야?"(→아무런 해결책이 되지 못함)

부하 "죄송합니다.(어떻게 빠져나갈지 궁리 중)"

상사 "영업은 결과가 모든 걸 말하는 거야. 좀더 발품을 팔라고."

부하 "네, 열심히 하겠습니다.(도망치듯 자리에서 튀어나간다)"

이런 식이라면 방문 건수를 늘린다 해도 아무것도 달라지지 않을 것이다. 상사가 해결책을 제시하고 있지 않기 때문이다. 부하도 나름대로 열심히 하고 있으니 방법을 제대로 생각해야 한다. 지금 생각하면 부끄럽기 짝이 없는 행동이었다.

만약 지금 같은 상황이라면 이렇게 말하겠다.

상사 "수고가 많네. 이번 달도 진행률이 70퍼센트군. 이대로라면 목표달성이 힘들겠는걸."

부하 "네."

상사 "언제 봐도 열심이군. 나도 예전에 아무리 해도 계약을 못 따던 시절이 있었다네."(→고충 알아주기+자기고백)

부하 "네.(과장님도 그런 시절이 있었구나. 의외인걸)"

상사 "뭔가 안 풀리는 일이라도 있나?"(→일이나 상황에 초점을 맞춰 질문한다)

부하 "사실은 마지막 단계에서 늘 막히곤 해요."

상사 "그렇군. 마지막 단계가 제일 힘들지. 개선책을 함께 생각해보자고."

이 경우 다음 3가지 포인트를 의식해서 말해 보자.

① 열심히 하고 있다는 사실을 알아주자

열심히 하지 않는다면 엄하게 꾸짖을 필요가 있지만 그렇지 않다면 우선은 고충을 헤아려 주자. 그 다음에 어떻게 하면 좋을지 함께 생각하도록 하자.

② 상사가 자기고백을 함으로써 안심을 시켜 준다

성과를 내지 못하는 부하는 질책을 받고 싶지 않은 마음에 '열심히 하겠습니다'라는 말로 자리를 피하고 싶을 것이다.

여기서 상사는 스스로 슬럼프 경험을 고백한다. 사람은 상대의 솔직한 고백을 들으면 안심하게 된다.

이것을 '자기 고백의 보답 원리'라고 하는데, 자신이 상대에게 마음을 연 만큼 상대도 당신에게 마음을 열어주는 원리를 말한다. '팀장님이 자신의 부끄러운 과거를 들려주었다. 팀장님도 실패를 한 경험이 있구나. 솔직히 말하고 조언을 구하자'라고 생각한다.

③ 사람이 아니라 일이나 상황에 초점을 맞춘 질문을 한다

'왜 못하는 거야?'라는 질문은 사람에게 초점을 맞추고 있다. 질문을 받은 쪽은 질책을 받는 느낌이 든다. 그 자리를 어떻게 빠져나갈까만을 생각할 뿐이다.

한편 '뭔가 안 풀리는 일이라도 있나?', '안 되는 데는 무엇이 원인일까?'라는 질문은 일이나 상황이 대상이다. 그러면 질책을 받고 있다는 생각은 들지 않는다.

좀처럼 발전이 없는 부하에게

○ → "지난번보다 대응이 빨라졌는걸."

X → "언제쯤 자기 몫을 할 건데? A씨와는 벌써 격차가 확 벌어졌지?"

좀처럼 기대에 부응하지 못하는 부하에게는 질책만 하게 된다. 영업회의 시작 전에 과장은 부하인 오타 씨에게 A신상품의 판족계획서를 부탁했다.

상사 "다음 영업회의에서 쓸 A신상품 판촉계획서는 잘 되고 있나?"

부하 "지금 어느 매체에서 광고하면 좋을지 생각중입니다."

상사 "매체를 고르는 중이라고? 그런 세세한 건 나중에 해도 되잖아. 일단 일정이 먼저지. 일정은 준비됐나?"(→ 변명은 안 듣겠다는 말 투로)

부하 "아……(큰일 났다), 지금부터 만들겠습니다."

상사 "지시한 지 3일이나 지났어. 지금까지 뭘 했나? 지난번에도 말했지?"

부하 "죄송합니다. 서둘러 만들겠습니다."

상사 "도대체 일을 하는 거야 마는 거야? 사토 씨한테는 B상품을 맡
겼더니 금방 해왔다고."

부하 "네……(일일이 비교까지 하지 않아도)"

상사 "도대체 일을 어떻게 하는 거야? 언제쯤 자기 몫을 할 건데? 사
토 씨한테 한참 밀렸군."

이래서는 부하인 오타 씨도 의욕을 잃고 만다. 어떤 점이 잘못
된 건지 살펴보자. 다음 2가지를 들 수 있다.

① 타인과 비교한다

상사 중에는 주위 팀원과 비교해서 더러 부하의 오기를 부추
기기도 하지만 이것은 역효과를 낳는다. 열등감을 심어줄 뿐이며,
무엇보다 부하의 발전으로 이어지지 않는다. 비교하려면 부하의
과거와 현재를 비교해야 한다. 그리고 발전을 칭찬해야 한다.

이 글만 보고 부하의 발전을 찾을 수 없다는 의견도 있을 수
있겠으나 아니다, 반드시 있다. 그것을 찾는 것이 상사의 임무이기
도 하다. 부하가 발전한 모습을 찾아 칭찬하고 성공체험을 느끼게
하면서 다른 부분도 함께 정진할 수 있도록 해야 한다. 물론 부하
스스로도 자신의 과거와 현재를 비교하면서 더욱 발전할 수 있는
습관을 들여야 할 것이다.

② 모든 과정을 부정한다

물론 가장 먼저 일정을 짜는 일을 했어야 할지도 모른다. 하지만 부하도 나름대로 의욕이 있었기 때문에 '어느 매체를 고를까'에 집중했을 것이다. 그 점은 인정해줘야 한다.

계속 질책하다 보면 의욕을 잃게 된다. 또한 자신감도 사라지고 잘하던 일마저 실수를 하게 되는 경우도 있다. 스스로 '무능력'이라는 꼬리표를 붙이고 심할 경우 정신적인 문제로 이어지거나 퇴직을 해버리는 일도 있을 수 있다.

전체를 부정하는 것이 아니라 잘하고 있는 부분은 인정하면서 잘못한 부분만 수정하고 조언해야 한다.

이 경우 다음과 같은 대화가 바람직하다.

상사 "다음 영업회의에서 쓸 A신상품 판촉계획서는 잘 되고 있나?"

부하 "지금 어느 매체에서 광고하면 좋을지 생각중입니다."

상사 "지난번보다 대응이 빨라졌는걸. 어떤 매체로 할지를 생각했다니 아주 잘했네."(→ 먼저 부하의 의욕을 인정한다)

부하 "네."

상사 "일정표는 작성했나?"

부하 "아, 아직입니다.(큰일났다, 일정부터 짰어야 했는데)"

상사 "그렇군. 일단은 일정표 작성부터 하는 게 좋아."

부하 "네."

상사 "일정 짜는데 뭔가 궁금한 거라도 있나?"

부하 "괜찮습니다. 바로 시작하겠습니다."

정리하자면 포인트는 다음 2가지이다.

- 부하의 과거와 현재를 비교한다.
- 모든 것을 부정하는 것이 아니라 잘한 부분은 인정하고 칭찬한다.

하지만 이렇게 말해도 발전이 없다면 짜증이 날 수도 있다. 그럴 때는 자신이 신입사원이었던 때를 생각해보자. 타고난 인재가 아니라면 어디선가 실수를 한 경험이 있을 것이다.

그때 자신의 실력을 떠올려 보자. '나도 그때는 실수를 많이 했지'라든지 '그때의 나보다 지금 부하가 더 낫다'는 생각이 들지는 않는가. 그렇다면 짜증도 가라앉을 것이다.

5

내용이 엉성한 기획서를
작성해 온 부하에게

○ → "기획서 작성하느라 힘들었지? 애썼네. 이 부분은 좋은데
여기를 좀더 보강하면 어떨까 같이 생각해 보자고."

X → "뭐야 이거. 이 따위 기획서로 뭘 하자는 거야. 도대체 생각이
있나 없나?"

○ → "이번 프로젝트는 이 조건 때문에 그대로 진행하기가 어렵지?"

상품개발부에 소속된 후지이 씨는 A신상품에 대한 100장에 가까운 기획서를 작성해 가져왔다. 상당히 열심히 만들었을 것이다. 그러나 상사는 의외의 반응을 보인다.

부하 "지난번 미팅에서 말씀드렸던 새로운 패키지상품에 대한 기획서입니다."

상사 "뭐가 이렇게 두꺼워? 대여섯 장으로 요약해서 가져와."

부하 "네······.(애써 작성한 건데)"

상사 "(한두 장 넘겨보더니)비용문제를 쉽게 보는군. 이런 기획은 소용

없어. 생각 좀 하고 만들라고."

부하 "네?(너무 놀라 말문이 막힘)"

상사 "앞으론 이렇게 두껍게 만들지 말게. 시간과 종이 낭비야."

부하 "네."

상사 "읽는 사람 입장도 생각해 줘야지. 도대체 생각이 있나 없나?"

부하 "……(해봤자 손해군. 다신 만들지 말아야겠다)"

이렇게 말했다가는 부하는 의욕을 잃고 만다. 예전의 필자도 마찬가지였다. 부하의 제안에 대해 이런 식으로 부정해서 의욕을 상실하게 만들었다.

물론 대개의 경우 상사가 부하보다 경험과 지식이 풍부하다 보니 부하가 제안한 기획에 불만을 느낄 수 있다. 또한 부하가 제안한 내용의 근거가 부실하거나 미숙할 경우도 있다. 이럴 때는 아예 듣고 싶지 않을 수도 있다. 하지만 그래도 제대로 대응해야만 한다.

구체적으로는 다음 3가지를 하면 좋을 것이다.

① 제출한 점을 칭찬한다

가령 상사인 당신의 눈에는 한참 부족하더라도 서류를 작성한 부하의 의욕만은 인정해 주자. 인정받은 것만으로도 위안이 되어 만약 이번 기획이 통과되지 못하더라도 다시 도전할 것이다.

② 기획서에서 훌륭한 부분과 부족한 부분을 모두 지적한다

미흡하더라도 좋은 부분은 반드시 있을 것이다. 그 점을 인정해주면 부하는 위안을 받는다. 또한 이 경우 좋은 부분을 먼저 인정해 주는 게 부족한 부분을 지적받더라도 반감이 없다.

훌륭한 부분을 찾으려야 찾을 수 없다고 말하는 상사도 있지만 그럴 일은 절대 없다. 찾고자 하면 훌륭한 부분은 반드시 있다.

③ 이번엔 아니더라도 다음 기회를 약속한다

기획서가 통과되지 못하더라도 다음에 어떻게 하면 좋을지 조언해준다. 조언을 하면 부하 스스로 생각하지 못하게 된다고 여기는 사람도 있겠지만 그럴 일은 없다.

그것은 전부 가르치려 하기 때문이다. 아무런 조언 없이 '스스로 생각해라'라고 하면 부하는 똑같은 실패를 경험할 뿐 성장하지 못한다. 반드시 다음을 향한 방향성을 제시해 주도록 하자.

먼저 사례는 다음과 같이 말하면 좋을 것이다.

부하 "지난번 미팅에서 말씀드렸던 새로운 패키지상품에 대한 기획서입니다."

상사 "기획서 만드느라 수고 많았네."(→제출한 사실을 칭찬하다)

부하 "아니에요. 감사합니다."

상사 "데이터를 많이 넣은 점이 참 좋군. 이 도표도 이해하기 쉽고. 여기에 경쟁상품과 차별을 둔 포인트를 요약해서 추가하면 좋

을 것 같네."(→기획서에서 좋은 부분과 부족한 부분을 지적+방향성제
시)

부하 "네. 그렇게 하겠습니다."

상사 "요약하는데 뭔가 신경 쓰이는 부분은 없나?"

부하 "있습니다. 결정하는 임원회의에서는 어떤 포인트를 볼까요?"

상사 "음, 내 경험으로는 새로운 추가비용과 그 지역의 소비 수요였
네."

부하 "정보 감사합니다. 그 점에 주의해서 다시 만들어 보겠습니다."

6

나이도 많고 경험도 풍부하지만 좀더 분발했으면 하는 부하에게

X → "지금까지 해왔던 방법으론 안 돼요. 좀더 버전업해주세요.
　　지금까지 실적은 인정하지만."

○ → "지금까지 활약은 저 같은 사람이 도저히 못 따라가죠. 이번
　　기회에 버전업해서 더욱 빛나는 실적을 올려주시길 바라요."

○ → "스즈키 씨의 방법을 부하들에게도 가르쳐주고 싶어요."

　상사 입장에서는 자신보다 나이도 많고 경험도 풍부하지만 조금 더 분발했으면 좋겠는데 하면서 살짝 불만인 부하가 있을 것이다. 자신보다 연상인 부하는 어려운 상대일 수밖에 없다. 급변하는 정세에 연공서열제도도 붕괴되어버린 요즘은 나이 어린 상사와 나이 많은 부하의 구조를 흔히 볼 수 있다.

　필자도 몇 번인가 연상의 부하와 함께 일한 경험이 있다. 그들을 내편으로 만들면 팀은 강력해진다. 반면에 그들을 적으로 돌리면 엄청난 재난이 일어날 수 있다. 연상의 부하는 팀에서 존재감이 크기 때문이다.

여기서 의욕이 넘치던 상사 B씨의 실패담을 소개하려 한다. 막 부임한 신임 상사는 의욕에 넘쳐 연상의 부하인 스즈키 씨의 영업방식을 바꾸려 질책했다.

부하인 스즈키 씨는 입사 연수로 보나 연령으로 보나 자신보다 위였고 경험과 지식도 풍부했다. 그러나 최근 몇 개월 동안 목표를 달성하지 못하고 있었다.

그는 원래 발로 뛰는 타입으로 우수한 영업사원이었다. 그러나 경쟁회사가 늘면서 부진을 면치 못하고 있었다.

상사 "스즈키 씨, 이번 달에도 목표미달성이군요. 뭔가 해결책은 있습니까?"

부하 "죄송합니다. 거래처를 늘려볼 생각입니다."

상사 "거래처를 더 늘려서 어떻게 하시려고요? 발로 뛰는 시대는 끝났어요. 효율적인 대책을 마련해야죠."

부하 "죄송합니다."

상사 "지금까지 했던 방식으로는 힘듭니다. 좀더 버전업해주세요. 당연히 예전 활약은 인정하지만요."

부하 "네.(납득이 안 되는 모양으로)"

상사 "제대로 해봅시다. 후배들에게 뒤처진다고요. 부끄럽지 않습니까?"

신임 상사는 부하를 위해서 한 말이었지만 역효과였다. 스즈키 씨는 그 신임 상사가 최악이라는 말을 동료들에게 흘렸고, 처음 관리직이 된 B씨는 고립되고 말았다.

아무도 그를 따르지 않았다. 미팅에서는 발언하는 사람이 없었고, B씨의 이야기를 듣는 것 같지도 않았다. 무엇이 잘못된 것일까?

이 경우 문제는 연상의 부하에게 가르치려 들었다는 점이다. 이것은 막 상사가 된 사람들이 저지르기 쉬운 실수로 필자 역시 그러했다.

막 상사가 되었을 무렵, 나이 어린 상사는 연상의 부하에게 우습게 보이지 않으려는 생각이 강해진다. 그래서 가르치려는 태도로 대하게 된다. 이것이 반발을 사게 되는 이유이다.

연상의 부하는 팀에서 영향력을 가지고 있으므로 연하의 상사는 총공격을 받을 가능성도 있다.

원래 상사와 부하는 상하관계가 아니다. 역할이 다를 뿐이다. 가르치려는 생각은 상사의 착각이다. 경험이 풍부한 부하가 있으면 그의 도움을 받는 것이 좋다.

그러기 위해서는 일단 기분 좋게 일할 수 있도록 해주는 것이 중요하다. 다음과 같은 대화라면 좋을 것이다.

상사 "스즈키 씨, 이번 달은 목표미달성이군요. 지금까지의 활약은 저 같은 사람은 도저히 따라가지 못할 정도죠. 이번 기회에 버전 업해서 더욱 빛나는 실적을 올려주셨으면 해요. 혹시 해결책을 생각 중이신가요?"

부하 "죄송합니다. 방문처를 늘려볼 생각입니다."

상사 "물론 방문건수를 늘리는 것도 중요하죠. 단지 최근엔 경쟁도 치열해져서 고객들은 참신한 제안이 아니면 쳐다보지도 않더라고요. 눈이 높아졌죠."

부하 "네, 맞아요. 새로운 대책을 세워야하는데.(그게 쉬운 일이 아니라서)"

상사 "같이 생각해보죠. 스즈키 씨의 영업노하우를 부하들에게도 알려주고 싶어요. 이번에 버전업해서 실적이 오르면 설득력도 있을 거예요. 범이 날개를 단 격이죠."

7 추진력은 있으나 마무리가 약한 부하에게

○ → "자네는 마음이 약해서 강하게 밀어붙이는 게 힘들지?"

X → "매번 이게 뭐야? 한심하단 생각 안 들어?"

추진력은 있는데 막상 결정타를 날리지 못하는 부하가 있을 것이다. 필자가 영업팀장일 때 부하 U씨가 그러했다. 그는 전산처리능력이 뛰어났고 자료 역시 이해하기 쉬운 훌륭한 서류를 자성했다. 배려심도 많아 동료나 선후배 사이에서도 평판이 좋았다. 그런데 안타깝게도 영업실적은 부진했다. 남을 배려하는 성격이 오히려 방해가 되어 마무리를 잘하지 못하는 것 같았다.

어느 날 보고회의에서 있었던 일이다. U씨의 발표상황이었다. 여느 때와 마찬가지로 '곧 계약이 성사될 것 같습니다'라고 매번 같은 말을 반복하는 그에게 참지 못하고 한마디 하고야 말았다.

그는 최근 몇 달 동안 큰 고객은 아니어도 중간 규모 정도 되는 고객 5건 정도를 진행하고 있었는데 여러 차례 방문하는 것 같았지만 계약을 따지는 못했다. 마지막 결정타가 부족한 것이 명백

했다. 필자는 다음처럼 그에게 엄격한 표정으로 꾸짖었다.

상사 "도대체 A사와 계약은 언제 되는가?"

부하 "죄송합니다. 지금 그쪽 사내회의에서 검토 중이라고 합니다."

상사 "지난달에도 같은 말을 하지 않았나?"

부하 "네, 결론이 아직 안 나온 상태입니다. 검토가 길어지나 봅니다.(큰일이다)"

상사 "구두로 확답을 받았을 거 아냐? B사, C사는 어떻게 됐어?"

부하 "죄송합니다. 그쪽도 아직입니다."

상사 "매번 자네는 뭘 하고 다니는 건지 모르겠군. 한심하단 생각 안 들어?"

부하 "죄송합니다……."

이런 식이라면 당연히 해결책이 나오지 않는다. 물론 상사 입장에서는 화가 날 수도 있지만 거래가 순조롭게 진행되지 않는다면 뭔가 요인이 있을 것이다. 이 경우 요인은 마무리였다.

이 사례와 같이 사실 요인만 수정하면 되는데 모든 과정을 부정해 버리면 부하는 자신의 무능력을 탓하게 된다. 자신감도 없어지고 최악의 경우 지금까지 잘 해오던 일도 못하게 되는 경우도 있다. 또한 이처럼 결점을 꼬집어 질책만 했다가는 진짜 정보가 끊어지고 만다.

다음 순서로 이야기를 나눠 보자.

① 모든 과정을 부정당하면 자신감을 잃고 의욕도 사라지고 만다

마무리는 힘든 게 당연하다며 부하가 공감할 수 있는 이야기 부터 시작해 보자.

상사 자신이 마무리를 잘 못했던 과거를 고백하는 것이다. 그러면 힘든 건 자신만이 아니라고 생각한 부하는 안심을 할 것이다.

그리고 좋은 부분은 칭찬하자. 칭찬을 받으면 사람은 상대에게 호감을 갖게 되고 그 사람의 의견을 받아들이기 쉬워진다.

② 잘 되지 않는 요인이 무엇인지 이야기를 들으며 유추해낸다

'지금까지 계약에 성공한 고객들은 어떤 부분에 반응했지?'라고 물어보자. 누구라도 1, 2건 정도는 성공한 경험이 있을 것이다. 작은 경험이라도 좋으니 그것을 상기시킬 수 있는 질문을 해보자.

앞선 예에서는 다음과 같은 대화를 추천한다.

상사 "A사와 계약은 어때?"(→무조건 부정하지 않는다)

부하 "죄송합니다. 지금 그쪽 사내회의에서 검토 중이라고 합니다."

상사 "그렇군. 지난달부터 같은 상황이 계속되고 있군."

부하 "네, 결론이 아직 안 나온 상태입니다. 검토가 길어지나 봅니다.(큰일이다)"

상사 "마무리해서 결정하도록 이끄는 건 힘든 일이지. 자네는 마음이 약해서 강하게 밀어붙이는 걸 잘 못하는 경향이 있잖나."(→고

충을 알아준다)

부하 "네."

상사 "고객의 결정요인은 뭘까?"(→생각하게 만드는 한마디)

부하 "담당자는 좋다고 했는데 상사를 설득하는 데에 어려움이 있다고 합니다."

상사 "그쪽 담당자가 상사를 설득하는 데 쓸 자료를 같이 만들어볼까?"

8

개인 능력은 출중하지만 팀워크가 부족한 연상의 부하에게

○ → "니시타 씨가 조언해 주시면 팀원들에게도 큰 도움이 될 거예요."

✕ → "니시타 씨, 아무리 실적이 좋아도 팀을 위해 좀더 애써 주시지 않으면 곤란해요. 이래서는 승진에 좋은 점수를 못 드려요."

6-⑥에서도 서술했지만 연상의 부하와 소통하는 데에 어려움을 겪을 수도 있다. 영업과장은 연상이자 실적이나 경험에도 흠잡을 데 없는 니시타 씨에게 후배들과 동행 영업을 통해 지도해 달라고 부탁하고 있다.

니시타 씨는 능력은 출중하지만 팀에 대해 무관심하다. 팀장 입장에서는 우수 영업사원은 귀중한 존재이지만 성공체험이나 노하우를 팀에 전수해주고 싶다.

우수사원의 대부분은 일명 독고다이타입이어서 '회사를 위해', '팀을 위해'라는 말로는 움직일 수 없다. 니시타 씨에게도 승진을 빌미로 부탁을 하려고 했지만 떨떠름한 반응이었다.

상사 "수고하셨습니다. 니시타 씨, 이번 달도 실적이 좋네요."

부하 "겨우겨우 목표는 달성할 것 같네요.(무슨 꿍꿍이지?)"

상사 "팀 목표달성이 좀 어려운 상황이라서요."

부하 "네…….(알고는 있지만 나랑 무슨 상관이람)"

상사 "이시야마 씨하고 사사키 씨와 함께 영업을 나가주셨으면 해서
요"

부하 "바빠서 힘들겠는데요.(이럴 줄 알았다니까)"

상사 "바쁘다는 건 알지만 아무리 실적이 좋아도 팀을 위해 좀더 애
써주시지 않으면 곤란해요. 이래서는 승진에 좋은 점수를 못
드려요."

부하 "그럴 시간 없어요.(일어서서 나가버린다)"

이런 상황이 되면 연상 부하 VS 연하 상사의 구도가 생겨버린
다. 또한 영향력이 있는 연상의 부하라면 안 좋은 말을 퍼뜨려 성
가신 일로 확산될지도 모른다.

니시타 씨는 매니지먼트보다 현장을 좋아하는 전형적인 영업
맨 타입일 수도 있다. 이런 타입에게는 승진이야기를 비춰도 별로
효과를 기대할 수 없다.

오히려 그에게 의지하는 형태가 좋을 것이다. 실은 실적이 좋
은 독고다이타입에게는 다른 사람들이 상담을 하려 들지 않는다.
누구라도 자신을 의지해 상담을 해온다면 기쁜 게 당연하다. 이
타입이 그렇다.

필자도 이런 타입의 사람을 여러 번 보아왔지만 지시나 명령을 좋아하지 않았다. 상담을 요청하면 기뻐하지만 상사가 '후배를 챙겨라'는 말을 직접 하면 반응을 보이지 않는다. 심지어 '아무리 실적이 좋아도 팀을 위해 좀더 애써 주시지 않으면 곤란'하다는 말에는 무관심, 경우에 따라서는 반발할지도 모른다.

어떻게 하면 좋을까? 이 타입에게는 제3자인 다른 팀원이 상담을 원한다, 배우고 싶어 한다는 형태로 전하는 것이 효과적일 것이다. 그러면 '내가 팀에 도움이 되고 있다'라는 생각을 하게 된다.

'후배들은 니시타 씨를 본받으려 하고 있어요. 니시타 씨가 말씀해 주시면 팀원들에게도 큰 도움이 될 거예요'라는 3장에서 썼던 트라이앵글 칭찬을 적용하면 좋다.

직접 말하는 것보다 제3자가 말하는 트라이앵글 칭찬 쪽이 독고다이타입의 미음을 움직일 수 있다. 특히 종신고용제도와 연공서열제도가 붕괴되어 노동력이나 충성심을 회사에 제공하던 시대도 이미 끝났다. 듣는 사람의 마음을 울리는 말인지 아닌지가 포인트이다.

이 경우 다음과 같이 말하면 효과적이다.

상사 "수고하셨습니다. 니시타 씨, 이번 달도 실적이 좋네요."
부하 "겨우겨우 목표는 달성할 것 같네요.(무슨 꿍꿍이지?)"
상사 "팀 목표달성이 좀 어려운 상황이라서요."
부하 "네⋯⋯.(알고는 있지만 나랑 무슨 상관이람)"

상사 "이시야마 씨하고 사사키 씨와 함께 영업을 나가주셨으면 해서
요"

부하 "바빠서 힘들겠는데요.(이럴 줄 알았다니까)"

상사 "많이 바쁘시죠? 그런 줄 알면서도 이렇게 부탁드려요. 이시야
마 씨와 사사키 씨는 니시타 씨 팬이에요. 니시타 씨가 조언해
주시면 팀원들에게도 큰 도움이 될 거예요."

부하 "알겠습니다.(그렇다면 할 수 없군)"

9

차기 리더후보이지만
자기만 생각하는 부하에게

○ → "이토 씨 방식을 더 알리면 좋겠어. 후배들의 선망이 되도록."

X → "후배들을 좀더 챙기지 않으면 팀장으로 추천 못해."

6-⑧은 연상의 부하가 대상이었지만 이번에는 젊은 차기 리더후보에게 하는 말이다.

과장은 차기 리더후보이기도 한 부하 이토 씨와의 면담에서 좀더 주위(팀원)를 살펴주었으면 한다는 이야기를 했다. 그러나 안타깝게도 그에게는 별다른 반응이 없는 모양이었다.

상사 "이토 씨, 수고했네. 아직 20일인데 이번 달도 목표를 달성했군. 굉장해."

부하 "네, 감사합니다."

상사 "근데 내가 볼 땐 말이야 이토 씨는 아직 좀 부족해."(→ 무시하는 태도)

부하 "네……(떨떠름한 표정으로)"

상사 "주위 사람도 좀 챙겨주고 그래야지. 좀 더 후배를 이끌어 주지
않으면 팀장으로 추천할 수 없네."

부하 "……."

이런 타입이 마음을 움직이는 경우는 다음 3가지이다.

① '회사를 위해서'가 아닌 '본인을 위해'

종신고용제도가 사라진 현재의 직장환경에서는 '회사를 위해',
'팀을 위해' 정진해 달라고 말해봤자 별 소용이 없다. 단 그들은 자
기 자신을 갈고닦는 활동에는 적극적이다. 그것을 이용하면 효과
적이다.

가령 성공사례나 노하우를 팀에게 주입하는 것으로 '전달력'
을 배울 수 있고, 후배나 팀원을 단결시키는 '리더십'을 배울 수 있
다고 말하는 것이다.

승진이나 승급을 언급하는 것보다 이러한 말이 동기부여가 된
다. 이토 스타일이라는 말처럼 팀원의 이름에 '스타일'을 넣으면 본
인의 의식도 한층 높아진다.

② 기대하고 있다

상사 자신이 영업사원 시절에 팀과 함께하면서 도움이 되었던
경험이 있다고 말해준다. 연상의 부하에게는 이런 말이 잘 전달되

지 않겠지만 연하의 부하라면 통할 것이다.

③ 부정형이 아니라 긍정형으로 말한다

'이렇게 하면 승진한다'고 하는 긍정적인 말도 아니고 '이렇게 하지 않으면 승진할 수 없다'는 부정적인 말은 피하는 것이 좋을 것이다. 부정적인 말에서는 의무감이 느낌이 들기 때문이다.

이 경우에는 다음과 같이 말하면 상대의 마음도 움직였을 것이다.

> **상사** "이토 씨, 수고했네. 아직 20일인데 이번 달도 목표를 달성했군. 굉장해."
>
> **부하** "네, 감사합니다."
>
> **상사** "이토 씨 덕분에 살았어. 자네만 믿네."
>
> **부하** "네, 열심히 하겠습니다."
>
> **상사** "좀더 이토 스타일을 퍼트려주면 좋겠네. 후배들의 선망의 대상이 되면 좋겠어."
>
> **부하** "거기까지는…….(말과는 다르게 기분이 좋다)"
>
> **상사** "제안이 하나 있는데 다음 주부터 미팅에서 10분 전에 이토 스타일을 발표해 줬으면 해. 노하우를 정리할 수 있으니 자네에게도 도움이 될 거라 생각하네."
>
> **부하** "알겠습니다. 해보겠습니다."

10

숨은 공로자인
부하에게

○ → "이시카와 씨 덕분에 계약이 성사됐어."

X → "이시카와 씨, 업무속도 조금만 올려줘요."

업무에 치여 폭발하기 일보 직전인 영업사무 이시카와 씨. 이시카와 씨가 바쁜 것은 알지만 일을 부탁하고 싶은 영업팀장 사토 씨. 이시카와 씨로부터 견적서가 안 나왔다는 말을 듣고 화를 내고 말았다.

부하 "팀장님, E사의 견적서 준비됐습니다."

상사 "수고했네. 응? F사 견적 부탁한 거 아니었나?"(→고맙다는 말도 안 한다. 당연한 일이라고 생각한다. 실수만을 지적)

부하 "네, 그게 F사 견적서는 아직 준비가 안 됐어요."

상사 "왜 아직인데?"

부하 "죄송합니다……(왜냐고 물으셔도)"

상사 "왜 이리 느려 터졌어? 빨리빨리 못하겠나?"

부하 "네. 알겠습니다. (일을 너무 많이 주니까 나도 힘들다고요)"

상사 "언제까지 되는데?"

부하 "오늘 저녁까지 보고하겠습니다."

상사 "제대로 좀 하라고."

부하 "네, 죄송합니다."

뒤에서 묵묵히 영업보조와 사무를 처리하는 사람에게는 '이거 부탁해, 이것도 부탁해' 하고 산더미 같은 일을 맡기면서 조금이라도 예상한 결과와 다르면 화를 내는 등, 일방적인 요청이 되기 십상이다.

이 타입의 사람들은 참을성이 많지만 스트레스가 쌓이다 보면 당연히 폭발하고 만다. 또한 재량껏 했다가 싫은 소리를 들을까 봐 시키는 것만 하면서 눈치를 살피는 사람이 될지도 모른다.

한편 상사는 '좀더 자발적으로 일해주면 좋겠다', '업무를 개선했으면 좋겠다'는 입장일 것이다. 그러나 시키는 일밖에 하지 않는 부하는, 부하의 능력을 살리지 못하는 상사 때문이다. '그 부하는 아직까지 부가가치가 있는 업무를 못한다'고 탄식하기 전에 자기 자신을 되돌아보자.

그렇다면 눈에 안 띄는 곳에서 잡무를 처리하고 있는 부하가 의욕에 넘쳐 자발적으로 업무를 수행하게 하려면 어떻게 해야 할까. 포인트는 다음 2가지이다.

① 부탁한 업무를 처리해 주는 것을 당연시 말라

부탁한 업무를 처리해준 것에 대해 감사해야 한다. 사무업무와 같이 반복적이고 성과에 직결되지 않는 업무는 그다지 중요하게 여기지 않기 십상이다.

그렇게 생각하고 있다면 부하는 차츰 의욕을 잃게 될 것이다. 당연한 것이 아니라 '큰 도움이 된다', '고맙다'와 같이 감사 표현을 하도록 하자.

② 부하의 입장이 되어 질문해 보자

상사는 이러한 타입의 부하에게 1부터 10까지 일일이 가르치려 든다. 상사는 꼼꼼하게 가르치고 있다고 생각할지도 모르지만 그렇게 했다가는 폐해가 속속 드러나기 시작한다.

부하의 능력을 이끌어내기 위해서는 1부터 10까지 전부 가르치는 것이 아니라 주체적인 생각을 끄집어내는 질문을 하도록 하자.

가령 새로운 방법을 고안하게 하려면 '다른 어떤 방법이 있을까'라든지 효율적으로 일하기를 원한다면 '지금보다 좀더 신속한 일처리를 위해 어떤 시도가 필요할까?'와 같은 질문을 던진다.

상대에게 생각할 여지를 주는 질문의 핵심은 어떤 능력을 이끌어내고 싶은가 하는 목적을 가지고 질문하는 것이다.

이 경우 다음과 같이 부탁하면 좋았을 것이다.

부하 "E사 견적서 준비됐습니다."

상사 "수고했네. 견적서 고마워. 아, 참! 이시카와 씨 덕분에 G사 수주를 땄어. 그때 전화 잘 받아줘서 고마워."(→ 감사의 말을 전한다)

부하 "아 네, 잘 됐네요."

상사 "아참, F사 견적도 부탁하지 않았던가?"(→ 넌지시 묻는 방법으로)

부하 "죄송합니다. F사 견적은 지금 진행 중입니다."

상사 "(화가 나더라도 표정관리해서)지금 얼마나 많은 일을 하고 있지?"(→ 업무량 확인)

부하 "지금 다른 업무를 포함해 10건 정도 하고 있습니다."

상사 "일이 많군. 힘들겠어. 다른 사람들과 분담할 수 있는지 생각해보자고. 일단 F사 견적을 우선 준비해주면 좋겠네."(→ 부하의 입장을 고려해 부탁한다)

부하 "알겠습니다. 우선 그 일부터 하겠습니다."

상사 "그럼 부탁해. 근데 언제까지 준비될까?"

부하 "오늘 오후 5시까지는 마무리하겠습니다."

11

업무 마감에
늦는 부하에게

○ → "기일을 맞추지 못한 원인이 뭐라고 생각하나?"

X → "왜 기일도 못 맞추는 거야?"

○ → "무슨 문제라도 있나?"

마감일, 마감 시간까지 업무를 마무리하지 못한 부하에게는 짜증이 나서 저절로 질책을 하게 된다. 게다가 업무가 늦는 직원은 매번 같은 사람일 경우가 많다. 주의를 줘도 변하지 않는다. 그때마다 질책을 하고 '죄송합니다'라는 대답이 반복된다.

상사 "지바지역 마케팅조사 보고서가 아직이군. 오늘 오전 10시가 기한이었지?"

부하 "네, 사실은 아직…….(큰일 났다. 어떡하지)"

상사 "내일모레 임원회의 때 필요한 자료라는 건 알고 있지? 전에도 늦었잖아. 왜 매번 늦는 거야? 정신 똑바로 차리라고."(→ 과거 잘못까지 싸잡아 질책)

부하 "죄송합니다······.(해명도 안 통하겠다)"

상사 "이번엔 왜 늦은 거야?"

부하 "죄송합니다. 갑자기 영업 쪽에서 기획서를 부탁하는 바람에."

상사 "이 일을 뒤로 미뤘다는 거야? 똑바로 못해!"

부하 "죄송합니다. 오늘 중으로 하겠습니다."

상사 "내가 할 테니까 됐어. 다음부턴 다른 사람한테 부탁할 테니 그런 줄 알아."(→상사가 직접 해버리고 마니 부하는 성장하지 못하는 악순환이)

이것은 해결책으로 이어지지 못한다. 기한을 맞추지 못한 것은 명백한 부하의 잘못이다. 그러나 늦은 데에는 부하에게 어떤 사정이 있는 게 틀림없다.

특히 이 부하의 경우, 매번 늦는 데에는 절대적인 이유가 있을 것이다. 그 자리에서 일축해 버리고 부하에게 해명할 기회를 주지 않는다면 언제까지고 해결할 수 없게 된다.

보통 부하의 업무처리가 늦는 이유는 다음 2가지이다.

① 다른 업무가 밀려 있을 때

상사가 위압적이어서 부하가 꼼짝 못하는 환경에서는 그럴 여유가 없는데도 불구하고 업무를 맡는 경우가 있다. 평소에 부하가 의견을 말할 수 있는 환경을 만들어 두거나, 새로운 일을 의뢰할 때는 현재 맡고 있는 일은 없는지 확인하도록 하자.

② 계획에 두서가 없다

지시를 정확하게 이해하고 완성까지 어떻게 진행할지 우선순위를 정하거나, 문제가 발생했을 때 대처하는 방법이 준비되어 있지 않은 부하는 기한에 늦기 마련이다. 또한 착수가 늦어지는 부하도 있다.

이러한 부하에게는 다음과 같이 지도하자.

상사 "마케팅조사 보고서가 아직이군. 오늘 오전 10시가 기한이었지?"

부하 "네, 사실은 아직······.(큰일 났다. 어떡하지)"

상사 "내일모레 임원회의에 필요한 자료라는 건 알고 있지?"(→ 무턱대고 책망하지 않는다)

부하 "네, 알고 있습니다. 죄송합니다."

상사 "늦어지는 요인이 뭐지?"(→ '무엇'이라는 상황에 초점을 맞춘 질문)

부하 "영업 쪽에서 급하게 기획서 작성 요청이 있었거든요."

상사 "그렇군. 그럴 때는 바로 얘기해 주면 좋겠네. 대안을 세울 테니까."(→ 부하의 해명을 받아들인다)

부하 "죄송합니다. 다음부터 주의하겠습니다."

상사 "견적서는 언제쯤 마무리될 것 같나? 다른 바쁜 업무는 없나?"(→ 다른 업무량 확인)

부하 "한 건 있는데 정오까지 견적서를 보내야합니다. 그게 끝나는 대로 바로 시작할 수 있습니다."

상사 "그럼 내일 아침 10시까지 준비해주겠나? 이 건에 대해 다른 문제점은 없나?"(→ 계획 확인)

부하 "네, 괜찮습니다."

① 진행할 내용을 그 자리에서 확인한다

불분명한 점은 지시할 때 해결할 수 있도록 질문시간을 갖는다. 가능하면 일부는 그 자리에서 시도해 본다.

○ → "다른 질문 없나?"
X → "같은 걸 몇 번씩 묻는 거야?"
○ → "모르는 게 있으면 몇 번이고 물어봐도 괜찮네."

물론 같은 질문을 몇 번이고 되풀이한다면 상사는 '제대로 듣고 있는 거야?'하는 마음에 화가 날지도 모른다. 하지만 사람이 모두 단 한 번 만에 이해할 수 있는 것은 아니다.

또한 필자도 그랬지만 '같은 걸 몇 번씩 묻는 거야?'라는 말을 들으면 그것이 부담이 되어 나중에 물어보고 싶어도 혼이 날까 두려워 잠자코 있는 경우도 생긴다. 앞서 언급했지만 혼이 나는 게 싫어서 '보연상'을 하지 않는 것과 마찬가지 상황이다.

이래서는 의문이 전혀 해소되지 않아 더 이상 나아가지 못한다. 질문은 언제든지 환영한다는 뜻을 전하고 질문하기 편한 분위기를 만들어 두도록 하자.

② 최악의 시나리오를 상정한 계획을 세운다

긴급한 업무가 들어오는 경우가 있다. 그것을 생각해 계획을 책정해 두어야 한다.

③ 혼자서 끙끙 앓고 있지 않도록 진행상황을 확인하는 시기를 만들어 둔다

기한을 넘기는 사례에서 자주 볼 수 있는 건 본인이 어떻게 하면 좋을지 몰라 혼자서 끙끙 앓고 있는 경우다. 그런 일을 미연에 방지할 수 있도록 상사는 평소 상담하기 편한 분위기를 만들어 놓아야 한다. 상사가 먼저 진행상황을 확인하는 시기를 만들어 두자.

> X → "한번 맡았으면 끝까지 책임지고 하라고"
>
> ○ → "혼자 고민하지 말게. 뭔가 진행에 차질이 생기면 언제든 바로 알려주게."

12

필요 이상으로 완벽을 추구하는 장인 타입의 부하에게

○ → "이 기획서 충분히 합격점이네."

X → "완벽하려는 고집은 버리고 얼른 작성이나 해줘."

앞서 기한에 늦는 부하에 대해 언급했는데, 장인 타입의 부하도 기한에 늦는 경우가 많다. 이 타입은 절대 대충 만드는 일 없이 일처리에 완성도가 높다. 그런데 너무 세세한 것까지 신경쓰다보니 기한에 늦기 일쑤다.

또한 기한에는 맞추긴 해도 필요 이상으로 시간을 들이는 경우도 있다. 이것은 본말이 전도되어 무엇보다 시간이 아깝다. 그 시간에 다른 업무를 처리할 수도 있고 잔업까지 하면서 그 일에 매달리기보다는 일찍 퇴근해 재충전할 수도 있기 때문이다.

이처럼 장인 타입의 부하는 항상 100점을 추구한다. 물론 실수 없이 완성도를 높이는 일은 중요하다. 하지만 80점이라도 별문제가 없는 것도 있다. 기획서나 자료의 거의 대부분이 이에 속한다. 게다가 100점짜리를 만들려면 끝이 없다. 심지어 100점이라는 점수는 어디까지나 본인 생각일 뿐이고 80점이라도 아무런 문제가 되지 않는다.

이 타입은 리스크 회피성향으로 부족한 부분을 지적당하는 것을 싫어한다. 그래서 완벽주의가 되어 버린 것이다.

답답해진 상사는 다음과 같이 버럭 화를 낼지도 모른다.

상사 "주말 과장회의에서 쓸 자료 건, 오늘이 기한 아니었어?"

부하 "죄송합니다. 아직 완성을 못했습니다."

상사 "뭐하는 거야? 언제 되는데?"(→질책)

부하 "조금 더 자세히 조사해서 작성하고 싶은 점이 있어서…….(완벽
하게 만들고 싶다)"

상사 "간단한 자료면 된다고 했잖아. 시간 들여서 해봤자 기한이 지
나면 무슨 소용이냐고."

부하 "네…….(납득하지 못한다)"

상사 "어디 좀 보자고"

부하 "네, 여기 있습니다. 신상품A의 향후 과제에 대해 좀 자세하게
조사하고 싶었습니다만.(만족스럽지 못한 표정으로)"

상사 "A상품에 대해선 충분한걸. 자네는 너무 완벽을 추구한다고. 업
무는 기한에 맞추는 게 제일 중요하단 것쯤은 알고 있지?"(→인
격모독)

부하 "그렇긴 하지만……."

상사 "완벽하려는 고집은 버리고 빨리 만들라고."

이래서는 부하가 반발할 뿐 아무것도 변하지 않는다. 원래 장인타입의 부하는 근거가 없으면 움직이지 않는다. '일단 해라', '대충 해라'라는 말로는 납득시킬 수 없다.

이론에 강한 타입이라서 상사에게 반론을 제기한다.

반대로 근거를 명확하게 말하면 납득하고 움직인다. 다음처럼 이야기를 하면 좋을 것이다.

상사 "주말 과장회의에서 쓸 자료 건, 오늘이 기한 아니었어?"

부하 "죄송합니다. 아직 완성을 못했습니다."

상사 "그렇군. '아직'이란 말이지?"(→상황을 수용한다)

부하 "조금 더 자세히 조사해서 작성하고 싶은 점이 있어서…….(완벽하게 만들고 싶다)"

상사 "어떤 식으로 만들고 있지? 지금까지의 자료를 좀 볼 수 있을까?"

부하 "네, 여기 있습니다. 신상품A의 향후 과제에 대해 좀 자세하게 조사하고 싶었습니다만……."

상사 "그런 생각을 하고 있었군. 작성 전에 좀더 자세히 알려줄걸 그랬네. 미안하네."(→자세를 낮춘다)

부하 "아뇨, 아닙니다.(송구스럽군)"

상사 "이 기획서로도 충분히 합격점일세. 이번에는 임원들께 보고하는 게 목적이니까 어떤 상품이든 현황보고만으로도 충분해. 향후 과제에 관한 것은 영업회의 때 의견 부탁하네."(→이미 한

일을 무시하지 않는다)

부하 "알겠습니다."

① 우선 서류를 작성한 점을 칭찬한다

서류를 작성해 온 업무를 모두 무시해서는 아무 일도 안 된다. 좋은 부분은 칭찬하고 개선점을 지도해야 할 것이다. 좋은 부분을 찾지 못할 경우는 작성해 온 서류를 칭찬하는 것만으로도 좋을 것이다.

또한 미완성이라는 대답에도 부정하는 대신 일단 수용하자. 그리고 나서 상황을 확인하도록 하자.

② 기한에 늦으면 노력도 소용없게 된다는 점을 지적하자

'힘들게 만들었는데 아깝다'는 표현이 좋다. '아깝다'고 하면 부정형이 되지는 않는다.

③ '능력이 있으니까'라고 말하고 업무방식 수정을 지도한다

'자네는 가능하니까'라는 말은 본인의 자존심을 자극한다. 그 후에 다른 곳에 시간을 사용했으면 좋겠다는 뜻을 전하면 본인도 납득할 것이다.

13

같은 실수를
계속 반복하는 부하에게

○ → "같은 실수를 한다는 건 뭔가 원인이 있지 않을까?"

X → "왜 같은 실수를 반복하는 거야?"

○ → "이 실수로 어떤 영향이 있을까?"

같은 실수를 반복하는 부하에게는 짜증이 나서 '도대체 뭐하는 거야?'하고 호통을 치고 만다. 필자도 마찬가지였다. 경우에 따라서는 '왜'를 몇 번이고 반복해 다그치거나 인격모독까지 할 수도 있다.

여기서 주요거래처에 청구서를 잘못 보내버린 부하를 질책하는 사례를 들어보겠다.

부하 "과장님, 주요거래처인 A사로부터 청구서 금액이 잘못되었다는
보고를 받았습니다."

상사 "뭐? 도대체 어떻게 된 거야? 지난달에도 2건이나 틀렸잖나!"

부하 "네, 죄송합니다."

상사 "정신 차리라고. 바빠 죽겠는데. 그러고도 월급 받는 게 부끄럽

지도 않나?"(→인격모독)

부하 "네······ 죄송합니다.(변명의 여지가 없군)"

상사 "왜 허구한 날 같은 실수를 반복하는 건데?"

부하 "그게······ 검토를 제대로 안 하는 바람에."

상사 "왜 검토가 필요한데?"

부하 "죄송합니다.(왜냐고 물으셔도 대답할 말이 없지만)"

이러한 대화로는 부하의 사기만 떨어질 뿐 근본적인 해결책을

찾을 수 없다.

부하 "과장님, 주요거래처인 A사로부터 청구서 금액이 잘못되었다는

보고를 받았습니다."

상사 "그거 큰일이군. 경리과에 확인 부탁하고 바로 정정하라고."(→

사실을 수용하고 우선 대응책을 지시한다)

부하 "네, 죄송합니다."

상사 "어떻게 된 거지?"(→사실 확인)

부하 "B상품의 가격을 지난달 하향조정했는데 그것을 반영하지 못

했습니다."

상사 "그렇군. 지난달에도 같은 실수가 있었지? 이번 일로 어떤 영향

이 있을 것 같나?"(→실수를 반성하게 하는 질문)

부하 "A사로부터 신용을 잃게 됩니다. 죄송합니다."

상사 "그렇겠지? 같은 실수를 하는 데에는 어떤 원인이 있을까?"(→ 실수의 원인에 초점을 둔 질문)

부하 "청구서 작성을 시작하는 게 20일부터라서 시간이 빠듯하다 보니 서두르게 됐습니다. 확인도 한 번밖에 안 했습니다."

상사 "그렇군. 앞으로 어떻게 할 생각인가?"(→ 행동에 문제가 있음이 판명되더라도 무시하지 않고 질문)

부하 "주의하겠습니다."

상사 "음, 주의한다고 했는데, 구체적으로?"(→ 구체화시킨다)

부하 "매주 한 번 1시간씩 미리 청구서 작성 시간을 갖고, 그리고 나서 20일부터는 확인을 하면서 작성하겠습니다."

상사 "그렇군. 그렇게 하면 확인 횟수는 늘고, 실수는 줄어들겠군. 잘 부탁해."

이처럼 3단계로 개선을 위해 이야기해 보자.

① 사실(현황)을 확인

처음부터 무조건 불합격 딱지를 붙이는 것은 좋지 않다. 인격 모독은 말할 나위도 없다. 부하도 일부러 실수하지는 않는다. 우선 어떻게 업무처리를 하고 있는지 사실을 확인하는 것부터 시작한다.

② '왜?'보다는 '무엇'이라고 물어라

'왜?'는 사람에게 초점을 맞추고 있는데 반해 '무엇'은 사건이나 상황에 초점을 맞추는 질문법이다. '왜?'냐고 물으면 원인이 자신에게 있다고 느끼고 죄책감에 사로잡히게 된다. 반성도 좋지만 그 이상으로 중요한 것은 행동 개선이다. '무엇'이라는 말을 써서 묻는다면 부하도 자신의 행동에 어떤 문제가 있었는지 되돌아볼 수 있다.

같은 행동을 하면 같은 결과가 반복되는 것이 당연하다. 기분이나 생각에 변화를 주는 것도 중요하지만 그 이상으로 행동 개선이 중요하다. 기분이나 생각이 달라져도 행동에 변화가 없다면 결과는 마찬가지이다. 행동을 되돌아볼 수 있어야 한다.

③ 행동 개선을 지시한다.

문제가 되는 행동이 발견되면 어떻게 개선할지에 대해 구체적으로 조언하자. '제대로 하겠습니다', '조심하겠습니다', '주의하겠습니다', '반드시 확인하겠습니다'와 같은 대답이 돌아오는 경우가 많을 것이다.

이것은 구체적인 해결로 이어지지 않는다. 그때는 '제대로 하는 것은 구체적으로 무엇을 말하는가?'와 같이 행동을 구체화시킨다.

이렇게 하면 같은 실수를 반복하는 일에 종지부를 찍을 수 있다. 그래도 실수를 한다면 위와 같은 3가지 방법을 반복하면서 부하와 함께 해결책을 생각해야 할 것이다.

14

말만 앞세우고
행동하지 않는 부하에게

○ → "다케시타 씨, 모처럼 기회인데 해보지 않겠나? 다케시타 씨가
　　　나서서 해주면 아주 좋을 텐데."

✕ → "다케시타 씨, 말만 하는 게 아니라 행동으로 보여주지 않으면
　　　곤란하다고."

　　훌륭한 의견을 내면서도 행동이 따라주지 않는 부하가 있을
것이다. 상사 입장에서는 화가 날 수도 있다.

　　어느 영업과 회의에서의 대화를 사례로 들어 소개하고자 한
다. 이 부서는 전체적으로 영업에 고전하고 있는 듯했다.

상사 "영업이 고전하고 있는 요인으로 무엇이 있을까?"
부하 "팸플릿이 문제입니다."
상사 "그래? 자세히 얘기해 보게나."
부하 "네. 예전에 비해 보기 불편하게 만들어졌어요. 그렇게 말씀하

시는 고객도 있습니다."

상사 "그건 문제군. 기획부와 얘기해 보겠네. 그렇지, 이 건을 다케시타 씨가 중심이 돼서 맡아주지 않겠나?"

부하 "제가, 말씀입니까……?(귀찮게 됐군. 책임져야 하는 것 같은데)"

상사 "그래, 부탁해도 되겠나?"

부하 "죄송합니다. 다음 주까지 연말 홍보행사 기획이 있어서 꼼짝도 못해요.(어떻게 해서든 거절하자)"

상사 "조금은 시간이 있질 않나? 다케시타 씨, 말만 하지 말고 움직여줘야지. 안 그러면 곤란해."(→강제로 떠맡겨버린다)

이 경우 상사가 부하의 의견에 대해 '좋은 의견이군'이라며 수용하고 이야기를 이끌어내는 것까지는 좋았지만 최종적으로 업무를 강제로 떠맡기는 말을 해버리니 부하는 변명만 늘어놓게 된다.

업무를 늘리고 싶지 않은 부하는 변명으로 이리저리 피하려든다. 상사가 화를 내면 변명이 더 생길 뿐이다. 이것이야말로 의견은 내지만 나서지 않는 '말만 하는 부하'가 원하는 바이다.

그렇다고 해서 위 사례와 같이 강제로 떠맡기는 방법으로는 움직이게 할 수 없다. 나서지 않는 데에는 다음과 같은 요인이 있기 때문이다.

① 책임을 져야 한다는 부담감

업무량을 더 이상 늘리고 싶지 않은 부하, 의견을 내자 곧바로 책임을 지게 돼버린 경험이 있는 부하는 나서는 데에 신중함을 보인다.

이 경우, 의견을 낸 부하에게 "다케시타 씨 중심으로 같이 해보자"라고 말해야 한다. '같이'를 넣음으로써 상사도 함께 책임을 진다는 안도감을 줄 수 있다.

② 행동으로 한 걸음 나아가지 못한다

무조건 맡겨 버리면 행동에 대한 부담이 커져버린다. 부담은 가능한 덜어주는 게 포인트이다.

이 사례의 경우 다음과 같이 말했더라면 좋았을 것이다.

상사 "영업이 고전하고 있는 요인으로 무엇이 있을까?"(→ 사람이 아니라 상황에 초점을 맞춘다)

부하 "팸플릿이 문제입니다."

상사 "그래? 자세히 얘기해 보게나."(→ 의견을 이끌어 냄)

부하 "네. 예전에 비해 보기 불편하게 만들어졌어요. 그렇게 말씀하시는 고객도 있습니다."

상사 "그건 문제군. 기획부와 얘기해보겠네. 그렇지, 이왕이면 다케시타 씨가 중심이 돼서 같이 해보지 않겠나? 영업현장의 의견도 들을 수 있어서 나한테도 큰 도움이 되겠는걸."(→ 의견을 수용하고, '같이'를 강조+같이하는 이유를 밝힌다)

부하 "죄송합니다. 다음 주까지 연말 홍보행사 기획이 있어서 꼼짝도 못해요.(어떻게 해서든 거절하자)"

상사 "다음 주에 한 시간 정도 시간을 내 주겠나?"(→ 쉽게 나설 수 있도록 첫 부담을 줄여준다)

부하 "알겠습니다. 한 시간이라면 어떻게든 만들어보겠습니다."

15 근거가 빠진 제안을 하는 부하에게

○ → "좋은 제안이군. 제안을 하게 된 계기를 말해주겠나?"
X → "생각 좀 더 하고 가져오라고."
X → "아이디어는 좋은데 뭔가 현실감이 없군."
X → "나쁘진 않은데 현실파악을 못하는군."

부하가 낸 제안에 납득을 못하고 그대로 일축해버린 경험은 없는가? 심한 경우에는 미흡한 제안을 했다는 이유로 부하의 인격까지 모독해버리는 일도 허다하다.

이렇게 되면 부하는 어차피 제안해도 인정받지 못할 바에야 잠자코 있는 게 좋다고 생각하게 된다.

애써 제안을 했다는 것은 부하에게도 의욕이 있다는 증거이다. 부하로부터 의견이 올라오지 않는다며 한탄하는 상사의 대부분은 상사 쪽에 원인이 있다.

물론 부하 중에는 제안 내용이 미흡한 사람도 있을 수 있다. 하지만 생각해보자.

당신이 상사라면 부하보다 경험이나 지식으로 이길 확률이 높

지 않은가. 모자란다고 느끼는 것은 당연하다. 게다가 부하를 성장
시키는 것도 상사의 업무이다. 무턱대고 부정하는 것은 상사의 업
무를 포기하고 있다고 해도 과언이 아닐 것이다.

부하 "다음 분기 발표 예정인 A상품의 판촉기획안입니다."

상사 "크게 달라진 것도 없군그래. 좀 더 생각해서 가져오게."(→ 첫 장
만 보고 전체를 일축한다)

부하 "잠시만요, 다음 장을 보시면 좀 더 자세하게……."

상사 "터미널 역에 인접한 상업시설에서 시식을 실시……. 비용이 얼
마나 드는데? 아이디어는 좋은데 현실감이 전혀 없군."

부하 "네……."

상사 "예산에 맞춰서 생각하라고. 나쁘진 않은데 현실파악을 못하는
군."

부하 "죄송합니다."

상사 "다시 해 와."(→ 전체를 부정)

부하 "전부 다시 말입니까?"

상사 "그건 알아서 하고."

이처럼 전체를 부정하지 않도록 주의하자. 어떤 부분이 좋고
어떤 부분에 수정이 필요한지 이야기해보자.

"더 생각해서 오라고."

"아이디어는 좋은데 현실감이 전혀 없군."

"나쁘진 않은데 현실파악을 못하는군."

이처럼 말한다면 아무런 발전이 없다. '알아서 해'라는 밀도 마찬가지이다. 물론 모든 것을 가르쳐 주면 부하의 성장에 도움이 되지 않는 것도 사실이지만 생각하기 위한 힌트를 주거나 방향성을 제시해 준다면 좋을 것이다.

부하 "다음 분기 발표 예정인 A상품의 판촉기획안입니다."

상사 "좋은 제안이군. 제안을 하게 된 계기를 말해주겠나?"(→ 제안한 것에 대해 칭찬+의견을 이끌어 냄)

부하 "얼마 전에 경쟁사인 B사가 신주쿠의 O점에서 시식 홍보행사를 했는데 사람들로 붐비던 것을 봤기 때문입니다."

상사 "B사는 예산이 충분하니까. 같은 걸 하기엔 우린 예산이 빡빡해."

부하 "그렇군요……."

상사 "하지만 역에서 시식 홍보행사라, 흥미롭군. 예산 내에 할 수 있는지 검토해 보자고."

부하 "네."

상사 "가장 먼저 뭘 해야 하지?"

부하 "글쎄요, 각 역마다 공간 대여료를 조사해 보겠습니다."

상사 "좋아."

16

기존의 규칙에 사로잡혀
새로운 발상을 못하는 부하에게

○ → "해결책을 한 가지만 대라면 뭐가 있을까?"

X → "머리 좀 쓰라고"

    책상에 앉아 주어진 업무만 하다 보면 실수를 하지 않는 것, 정확하게 처리하는 것 등 질책을 받지 않으려고 무난한 일들만 하려 한다. 그래서는 팀원이나 회사는 성장하지 못한다.

    주어진 업무만 하고 있는 부하가 성장하길 원한다면 개선방법을 찾도록 도와주자. 당연히 주어진 업무를 반복하는 것보다 스스로 생각해서 진행하는 쪽이 의욕도 생길 것이다. 다른 새로운 업무가 아니더라도 반복적인 업무 중에서도 개선을 통해 자신의 능력을 발휘할 수 있다.

    업무과장은 팀원이 필요 이상으로 작업지시서에 시간을 들이는 것 때문에 못마땅하다. 마침 팀원인 사사키 씨가 작업 지시서의 확인을 부탁하러 왔다.

부하 "과장님, 작업지시서 확인 부탁드립니다."

상사 "어디보자고. 근데 요즘 작업지시서 작성에 시간을 너무 들이는 거 아니야?"

부하 "아, 네. 이번 달부터 지시서 양식이 바뀌는 바람에 기입내용이 늘어서 시간이 많이 걸리네요."

상사 "뭔가 좋은 방법이 없을까?"

부하 "작업 지시서를 전에 쓰던 양식으로 다시 바꾸면 안 될까요? 시간이 단축될 텐데요."

상사 "그건 안 돼. 규정이니까. 팀원들끼리 분담하거나 하면 빨라지지 않을까?"

부하 "다들 업무가 늘어서 여유 있는 사람이 없어요."

상사 "내 눈에는 그렇게 안 보이는데? 변명하지 말게."

부하 "규정을 바꾸는 건 힘든가요?"

상사 "그건 안 돼. 관리부에서 정한 거니까. 달리 시간을 단축할 방법이 없을까? *머리 좀 쓰라고.*"

부하 "……*(결국 그냥 해야 한단 말이군)*"

이래서는 해결할 수 없다. 개선책은 나오지 않을 것이다.

이처럼 새로운 아이디어가 나오기 힘든 조직에는 다음 3가지 특징이 있다.

① 규정이 심하다

조직에는 당연히 규정이 필요하다. 규정을 철저하게 지키게 함으로써 최소한의 품질을 확보할 수 있고 팀워크도 단단해진다. 그러나 규정을 과도하게 강요하면 폐해도 있다. 기존의 업무를 개선하거나 새로운 것에 도전하려는 사람이 줄어든다. 규정을 벗어나는 게 아닐까 하는 걱정을 먼저 하기 때문이다. 전례가 없으니 도전하지 않겠다는 사람이 전형적인 예이다.

물론 전례는 중요할지도 모른다. 그러나 기존의 틀 안에서는 새로운 아이디어가 나오기 힘든 것도 사실이다. 특히 팀장이 된 지 얼마 되지 않은 상사는 부하들을 규정으로 묶으려 든다. 통제하기 쉽기 때문이다. 그래서 어떻게든 규정을 지키게 하고 싶은 것이다.

그 결과, 부하는 새로운 아이디어가 떠올라도 규정에 맞지 않는다며 질책을 당할까 지레 겁을 먹고 추진하지 않게 되는 것이다.

원래 새로운 발상을 하려면 규정이라는 틀을 깨야만 한다. 어쩔 수 없이 필요한 경우라도 규정은 최소한으로 줄이는 것이 좋다.

② 질책이 빈번하다

질책이 빈번하면 '혼나지 않으려면 최소한의 것만 해두면 된다'는 태도로 변한다. 자신의 의견을 말하지 않고 리스크 회피만 하게 된다. 이러한 조직에서 새로운 아이디어가 올라올 리 없다.

질책이 아니라 질문을 이용해 소통하면 좋을 것이다. 질문은 부하에게서 잠자고 있던 아이디어를 이끌어내는 효과가 있다.

'해결책을 한 가지만 대라면 뭐가 있을까?'라는 식의 질문이 좋다. '하나'만이라면 본인도 대답하기 쉬울 것이다.

부하가 스스로 답을 한다는 것은 본인도 납득하고 있다는 것이므로 실행력도 높아진다.

③ 답을 상사가 미리 정해버린다(상사가 수용하지 않는다)

부하가 질문에 대답하지 못하더라도 상사가 답을 말해버리면 안 된다. 부하의 사고가 멈춰버리기 때문이다.

이 경우 다음과 같이 말하면 좋다.

부하 "과장님, 작업지시서 확인 부탁드립니다."

상사 "어디 보자고. 근데 요즘 작업지시서 작성에 시간을 너무 들이는 거 아니야?"

부하 "아, 네. 이번 달부터 지시서 양식이 바뀌는 바람에 기입내용이 늘어서 시간이 많이 걸리네요."

상사 "그래? 그거 곤란하겠군."(→ 반론을 일단 수용한다)

부하 "팀원은 물론이고 거래처에서조차 전에 하던 방법이 더 편했다고 말해요."

상사 "그렇군. 규정을 재검토해야 할 것 같군그래. 만약 자네가 규정을 검토한다면 어디를 고치겠나? 해결책을 하나만 들라고 한다면 뭐가 있을까?"

부하 "글쎄요……(생각한다)"

상사 "틀려도 상관없어."(→ 대답하기 쉽게 유도한다)

17

반론은 하지만 구체적인
의견이 없는 부하에게

○ → "어떤 행동을 취해야 한다면 자네는 무엇을 하겠나?"

X → "생각이나 하고 말하게"

회의 등에서 반론을 제기하지만 구체적인 의견이 없는 사람도 가끔 있다. 영업부 가와무라 씨는 회의에서 과장의 발언에 반론을 제기했다. 가와무라 씨의 반론은 자주 있는 일이다.

과장과 가와무라 씨와의 대화이다.

상사 "서부지구를 영업지역으로 추가하려고 하는데. 모두가 조금씩 분담하면 되겠지?"

부하 "잠깐만요. 지금 담당하고 있는 범위를 유지해야 합니다. 더 늘렸다간 이동에 시간이 너무 많이 들어요."

상사 "무슨 소리야. 목표미달성이 계속되니까 어쩔 수 없잖나."

부하 "하지만……"

상사 "변명하지 말게. 할 말 있으면 목표나 달성하고 말해."

가와무라 씨는 자주 반론을 제기하는 부하로, 이번에도 단순한 반론이었을 수 있지만 어쩌면 정말 근거가 있었을지도 모른다. 하지만 이처럼 '변명하지 말게'로 차단해버리면 부하는 아무 말도 못하게 된다. 앞으로 의견을 내는 일이 없어질지도 모른다.

그렇게 되지 않기 위해서라도 반론에는 다음과 같이 3단계로 대응하도록 해보자.

① 반론을 제기하면 받아준다

반론을 제기하는 부하 중에는 현 상황에 불만을 품고 단지 인정받기를 원하는 경우도 있다. 일명 말꼬리를 잡는 타입이다. 상사는 이러한 부하를 꾸짖고 싶을지도 모른다. 하지만 여기서 일축해버리면 부하의 의도에 휘말리고 만다. 이런 부하에게는 '존재를 인정하고 있다'는 것을 말이나 태도로 보여줘야 한다.

상대가 말끝마다 꼬리를 잡고 늘어지거나 '하지만'이라고 반론을 제기해도 이에 반응을 보이지 말고 '자네는 그렇게 생각하는군' 하고 받아준다. '받아들일' 필요까지는 없다. 그저 인정해주면 된다.

상사가 감정적이 되어 그 자리에서 부하를 부정해서는 안 된다. 반론만 제기하는 부하에게 짜증이 날 수도 있으나 감정이 시키는 대로 화를 낸다면 반론이 길어질 뿐이다.

물론 엄하게 꾸짖고 반론을 못하도록 압박한다면 조용해질 수도 있다. 그러나 그것은 당신의 눈앞에서만이다. 없는 곳에서 반론이 확대된다. 최악의 경우에는 팀 붕괴를 불러올 수도 있다. 상사로서 납득할 수 없다 해도 일단 의견은 받아준다.

'하긴 그렇군', '그럴 수도 있겠군', '자네 생각은 그런가?', '그런 견해도 있을 수 있지'

② 구체적인 개선 제안을 하지 않고 질문으로 스스로 생각하게 한다

'그럴 수도 있겠군', '자네 생각은 그런가?'라고 받아주고 끝내면 부하의 반론은 계속 이어질 것이다. 여기에서 끊고 가야 한다.

이 경우, '그렇군, 그래서 ○○을 해주면 좋겠네'와 같이 호응하는 방법도 있다. 그러나 긴급한 경우가 아니라면 구체적인 개선 제안은 하지 않는 것이 좋을 것이다. 반발할 수도 있기 때문이다. 이 경우에는 되묻는 방법이 좋다. 여기에 대답을 한다면 단순한 반발이 아니다.

한편 아무 대답도 하지 않는다면 단순한 불평·불만(반발)이다. 반발하는 부하도 질문은 가급적 피하고 싶기 때문에 쓸데없는 반발은 하지 않게 될 것이다. 처음에 받아주었기 때문에 자신의 존재욕구는 채워졌기 때문이다.

③ 제시한 개선 제안을 실제로 본인에게 맡긴다

"그럼 그 건을 같이 해보자" 하고 실제로 행동으로 옮길 수 있도록 유도한다. 이 경우 '같이'라는 단어를 넣어야 한다. 피할 수 없는 상황이니 부하도 움직일 수밖에 없을 것이다.

이 경우 다음과 같은 대화가 효과적이었을 것이다.

상사 "서부지구를 영업지역으로 추가하려고 하는데. 모두가 조금씩 분담하면 되겠지?"

부하 "잠깐만요. 지금 담당하고 있는 범위를 유지해야 합니다. 더 늘렸다간 이동에 시간이 너무 많이 들어요."

상사 "현 담당범위를 유지해야 한단 말이지? 구체적인 안을 들려주 겠나?"

부하 "서부지구는 경쟁사인 대기업 B사가 독점하고 있습니다. 영업 사원을 상당히 많이 배치하고 있어요."

상사 "그랬군. 알려줘서 고맙네. 나도 자세히 알아보겠네."

7장

부하의 행동을
개선시킬 수 있는
효과적인
질책법

어떻게 하면
좋을지 같이
생각해보세

1

말머리에 쓰면
효과적인 완곡 화법

X → "이런 얘기하기 좀 그렇지만, 들어주겠나?"

X → "그게 말이지"

X → "잠시 괜찮겠나?"

O → "내 기억이 잘못 된 건지는 모르겠지만"

O → "내 착각일 수도 있지만"

O → "노파심 때문인데 확인해도 좋겠나?"

X → "얼마 전에도 같은 말을 했지?"

O → "내가 말을 잘못한 걸 수도 있으니 다시 한 번 말하겠네만"

O → "팀 에이스인 나카시마 씨니까 얘기해 두는 건데"

X → "어차피 자네는 모를 거야"

꾸짖을 때는 말머리에 완곡 화법을 쓰면 효과적이다. 상사의 배려가 전해져 부하도 이야기를 듣기가 편해진다.

완곡 화법은 사용방법에 따라 부하가 스스로 인정받지 못하고 있다고 생각해 상사를 신뢰하는 마음이 사라질 경우도 있으니 주의가 필요하다.

크게 3가지 사례를 들어 좋은 완곡 화법과 나쁜 완곡 화법을 비교하면서 소개하려 한다.

① 부하에게 나쁜 소식을 전해야만 할 때

○ → **"이런 얘기하기 좀 그렇지만, 들어주겠나?"**

상사가 '어떻게 이야기해야 좋을지 망설여진다. 어쩌면 부하의 기분을 상하게 할 수도 있다'고 생각하고 있을 때 이 말을 쓰면 좋을 것이다. 상사의 배려가 전해져 부하도 받아들일 준비를 한다.

X → **"그게 말이지."**

갑자기 이렇게 말을 꺼내면 소심한 부하는 긴장을 하게 되고, 무난하게 빠져나갈 생각만 하게 된다.

X → **"잠시 괜찮겠나?"**

'잠시'라는 내용이 마음에 걸린다. '잠시'라고 해놓고 이야기가 길어지거나 심각한 내용이면 결국 몇 시간씩 걸리는 경우도 있다. 부하는 엄하게 꾸짖으려는가 보다고 생각해버린다.

② 자신이 없어 부하에게 확인을 하고 싶을 때

○ → "내 기억이 틀릴 수도 있지만"

부하의 오해나 잘못을 지적할 때 갑자기 '그건 아니지'라고 말한다면 부하는 무조건 피할 준비를 하게 된다. 우선은 가장 먼저 '내 기억이 틀릴 수도 있지만'이라고 복선을 깔고 '~이 아니었던가?' 하는 식으로 부드럽게 말하는 것이 좋다.

○ → "내 착각일 수도 있지만"

정말 잘못된 일이나 자신의 기억이 확실치 않을 때 쓰는 말이 아니라 상대의 오해를 부드럽게 지적할 때 쓰는 상투어이다. 상대의 기분을 상하게 하거나 화가 나지 않게 하는 완곡 화법이다.

○ → "노파심 때문인데 확인해도 좋겠나?"

이 경우 상사가 노파심이라는 자기고백을 하고 있으므로 부하가 불필요한 걱정을 하는 일 없이 이야기를 들을 준비가 가능하다.

✕ → "얼마 전에도 같은 말을 했지?"

전에도 주의를 준 것 같은데 부하가 행동을 하지 않으면 무심코 이런 말이 나오게 된다. 상대에게 잘 전달이 된 건지 아닌지를 확인하고 싶은 마음에서일 것이다. 그러나 이런 말은 부하의 사기를 꺾을 뿐이다. 이 경우 '내가 말을 잘못한 걸 수도 있으니 다시 한 번 말하겠네만'이라는 말이 좋다.

③ 특정 부하에게 이야기 할 때

○ → "팀 에이스인 나카시마 씨니까 얘기해 두는 건데"

이렇게 말하면 나카시마 씨의 자존심도 세워주고 '신뢰하고 있다'는 의미도 전할 수 있다.

✗ → "어차피 자네는 모를 거야"

부하의 능력을 함부로 판단해버리는 말이다. 무시당한 기분에 반발심을 불러일으킬 가능성도 있다. 이 경우 '좀 어려울 수 있는데' 하는 식으로 말하자.

2

칭찬하면서 꾸짖는
'샌드위치 화법'

○ → "이번 달도 실적이 좋은 걸" + "그런데 하나 신경이 쓰이는 일이 있네만, 제출서류에 실수가 조금 많아진 것 같아. 주의해 주게" + "실적도 좋고 승진이 코앞인데 아깝지 않나, 계속 정진 해주게."

○ → "좋은 프레젠테이션 자료군. 상당히 이해하기 쉬운 구성이라 아주 좋아." + "이 부분을 고객 눈높이에 맞추면 더 좋을 것 같네. 전문용어가 너무 많으니까." + "거기만 수정하면 거래처 담당자도 회사를 설득하기 좋지 않을까?"

꾸짖는 일에서 가장 중요한 것은 행동의 개선으로 이어지는 것이다. 그러기 위해서는 우선 의욕을 이끌어낼 필요가 있다. '그래, 열심히 해보자'라는 생각이 들지 않으면 안 된다. 무턱대고 꾸짖기만 한다면 부하의 사기는 떨어지고 말 것이다.

그럴 때 효과적인 것이 칭찬하면서 꾸짖는 '샌드위치 화법'이다. 샌드위치 화법은 꾸짖어야 할 사항의 앞뒤로 칭찬을 넣는 방법이다. 이처럼 샌드위치 화법을 쓰면 칭찬받고 인정받았는데 상사에게 미안하다는 생각에 부하는 더욱 반성한다.

자신의 장점을 언급하는 시점에서 꼼꼼히 지켜보고 있었다고 생각하며 상사에게 긍정적인 감정을 갖게 된다. 이렇게 제대로 인정해주는 상사에게 폐를 끼치면 안 된다는 생각도 하게 될 것이다.

한편 다음과 같은 예처럼 다짜고짜 꾸짖어버리면 부하는 반감을 갖게 되므로 상사의 말을 수용하기 어려워진다. 영업실적은 우수하지만 실수가 많은 부하인 사토 씨를 꾸짖는 장면이다

상사 "사토 씨, 요즘 제출 서류에 실수가 많군."(→ 다짜고짜 꾸짖는다)

부하 "죄송합니다.(영업실적은 올리고 있으니 상관없지 않나?)"(→ 납득할 수 없다)

상사 "정신 차리라고. 이래서야 영업실적을 올리더라도 승진 추천은 못해."(→ 과거지향이 된다)

부하 "……죄송합니다.(납득이 안 되는 표정으로), (이 상황을 어떻게 빠져나가지?)"

이 경우, 진지하게 듣는 부하도 있지만 '이 자리를 어떻게 빠져나갈지'만 생각하는 부하도 있다. 이처럼 다짜고짜 꾸짖는 것은 역효과를 부른다.

앞서 말한 예로 대화를 하면 다음과 같다.

상사 "사토 씨, 이번 달도 실적이 좋군."(→ 우선 칭찬한다)

부하 "감사합니다. 이 기세를 몰아 계속 열심히 해보겠습니다."

상사 "그런데 하나 신경이 쓰이는 점이 있어. 요즘 제출 서류에 실수가 조금 많아진 것 같아. 조금 주의해 주게."(→ 개선점을 지적)

부하 "앗, 죄송합니다."

상사 "이렇게 실적도 좋아서 승진이 코앞인데 아깝잖나. 계속 정진해 주게."(미래지향적+사기충전)

부하 "네, 알겠습니다.(모처럼 신뢰받고 있는데 실망을 드렸군. 주의해야겠어)"(→ 사기가 올라감과 동시에 반성도 한다)

3

반발하는 부하에게

X → "뭐야? 할 말 있어?"

X → "말대답하는 거야?"

O → "납득이 안 되는가 본데, 자네 의견을 말해 보게나."

O → "이번 건으로 절대 양보할 수 없는 이유가 있다면 한 가지만
　　말해 보게."

　부하에게 조금 주의를 주거나, 새로운 제안을 했을 때 "그건 못
해요", "무리입니다" 등과 같이 불평불만이 돌아오는 경우가 있을지
도 모른다.

　예를 들어보자. 주요 거래처에 매달 보내는 DM에 관해 회의에
서 영업과장으로부터 수정 의견이 제기되었다. 부하인 나카무라
씨는 반발한다.

상사 "다음 달부터 주요 거래처에 보내는 소식지는 흑백으로 해주게.
　　　종이도 고급용지 말고 일반용지를 사용하도록. 지금까지 4장

이었던 것을 반으로 접는 2장으로 하게. 경비절감 차원이네."

부하 "흑백은 전시회나 신상품 소개가 힘듭니다. 사진은 컬러가 아니
면 안 돼요. 게다가 값싸 보이지 않습니까?"

상사 "어쩔 수 없어. 비용절감이야. 말대답하는 건가?"

부하 "하지만……."

상사 "뭐야? 할 말 있어?"

이처럼 "할 말 있어?", "말대답하는 거야?"라며 이야기를 차단
해버릴지도 모른다. 물론 비용이 드는 건 이해가 간다. 그러나 반대
의견이야말로 힌트가 들어 있다. 단순히 불평, 불만인 경우도 있지
만 우선 의견을 받아주자. 건설적인 의견이 있을지도 모른다. 그
자리에서 일축해버리면 부하는 의견을 말하지 않게 돼버린다. 불
평, 불만이야말로 힌트이다.

이 경우 다음과 같이 대응하면 좋았을 것이다.

상사 "다음 달부터 주요 거래처에 보내는 소식지는 흑백으로 해주게.
종이도 조금 싼 걸로 바꾸고. 그리고 지금까지 4장이었던 걸
반으로 접는 식으로 2장으로 만들게. 경비가 너무 많이 들어
서 그래."

부하 "네에? 진짜요?(납득을 못하는 표정으로)"

상사 "납득이 안 되는 모양인데 자네 의견을 말해보겠나?"

부하 "흑백은 전시회나 신상품 소식 전달이 힘듭니다. 현실감이 떨어

져요. 게다가 값싸 보이지 않습니까?"

상사 "그렇군. 전달력이 떨어진다고 생각하는군. 하지만 비용이 너무 많이 드는 건 사실이니까, 어딘가에서 절감해야한다네."(→부하의 의견을 되풀이하면서 받아준다)

부하 "하지만 품질을 낮추면 고객에게 좋은 인상을 줄 수 없다고 생각합니다."

상사 "음, 그런가. 하지만 전부 예전대로 할 수는 없네. 이번 건으로 절대 양보할 수 없는 게 있다면 하나만 말해주겠나?"(→부정이 아니라 질문)

부하 "장수를 줄이는 건 어쩔 수 없지만 컬러는 그대로 둬야 한다고 생각해요."

상사 "그렇군, 알겠네. 자 그럼 그 방향으로 검토해 보세."

① 앵무새 화법으로 받아준다

부하가 반발할 때 우선 그 불평불만을 받아준다. 가능하면 앵무새 화법을 써서 대응하면 좋을 것이다. 부하에게는 앵무새 화법만으로도 경청해준다(알아준다)고 하는 만족감이 채워진다. 또한 앵무새 화법으로 대응하면 상사 자신도 생각을 정리할 수 있다. '~라고 생각 했군', '~라고 생각하고 있군' 하고 상대의 말을 되풀이해 응수하고 자신의 입장을 설명한다.

② 부정하지 않고 질문해 본다

앵무새 화법으로 응수한 후 '그렇군, 내가 몰랐던 관점인걸!' 하고 상대를 칭찬하면서 '구체적으로 어떻게 하면 좋을까? 해결하려면 무엇을 해야 할까?' 하고 질문한다.

○ → **"납득이 안 되는 모양인데 자네 의견을 말해 보겠나?"**

부하의 의견이 조금 다르더라도 '묻는 것에만 대답하면 된다'고 말해서는 안 된다. 여기에 불평불만이 여럿일 경우에는 한 개로 정리해 달라고 한다.

○ → **"이번 건으로 절대 양보할 수 없는 이유가 있다면 한 가지만 말해보게."**

꾸짖어도 변하지 않는
부하에게

X → "열심히 하겠다는 말만 했지 행동은 변한 게 없질 않나?"

○ → "뭔가 어려운 일이라도 있나?"

○ → "구체적으로 무엇을 하면 좋겠나?"

꾸짖어도 절대 변하지 않는 부하도 있다. '네!' 하고 시원하게 대답은 하지만 변하는 것은 없다. 이런 부하에게는 다음처럼 질책하기 십상이다.

X → "열심히 하겠다는 말만 했지 행동은 변한 게 없질 않나?"

X → "대체 뭐하는 거야!"

X → "대답은 잘하지."

그러나 이렇게 꾸짖어도 대부분의 부하는 변하지 않을 것이다. 변했다면 처음 꾸짖었을 때 변했을 것이다.

이처럼 꾸짖어도 아무것도 변하지 않는 것은 다음 중에 요인이 있을 것이다.

① 구체적으로 무엇을 해야 하는지 모른다

부하 스스로가 생각할 수 있게끔 하는 것도 필요하지만 부하 중에는 스스로 생각하지 못하는 사람도 있다. 꾸짖을 때는 '구체적으로 무엇을 하면 좋겠나?'라며 질문을 해보자.

그러면 본인에게 대안이 있는지 없는지를 알 수 있다. 대안이 없는 경우에는 구체적인 지시와 조언도 필요하다.

꾸짖는 것은 의식 개선이 아니라 행동 개선이 목적이다. 때에 따라서는 부하의 입장이 되어 생각할 필요가 있다.

② 바꾸고 싶지 않다고 생각한다

이 경우 '~해야 한다', '바뀌는 것은 의무다'라고 하는 '명령조'를 써서는 안 된다. 명령조는 잘못 썼다가는 인격모독으로 이어질 수 있다.

바꾸고 싶지 않다면 '바꾸고 싶지 않은 것은 무엇이지?'하고 질문한 뒤에 해결을 위해 노력하는 것이 좋다. 또한 마지막으로 설득하는 경우에도 '바꾸지 않으면 손해'보다 '바뀌면 이득'이라는 쪽으로 시선을 돌리게 하자.

③ 하지 않는 원인이 있다

바꿀 수 없는 원인을 본인이 알고 있는 경우와 모르는 경우가 있다. 알고 있는데 바꾸지 않는 것에는 뭔가 사정이 있다.

이럴 때에는 상사가 예전에 했던 실패 경험을 들려주자. 그러면 부하에게 안도감을 준다. '상담해도 괜찮겠지'라는 생각이 들게끔 분위기를 만들어 이야기를 이끌어 내는 것이다.

본인이 모르는 경우는 함께 실타래를 풀듯이 원인을 찾아보자.

○ → "뭔가 어려운 일이라도 있나?"

중요한 것은 그 다음이다. 구체적인 행동으로 이끌 필요가 있다.

○ → "구체적으로 무엇을 하면 좋겠나?"

5

금방 주눅 드는
소심한 부하에게

○ → "어제 제출한 4반기 보고서, 8월분 매출합계 금액만 수정해주
　　게. 나머지는 괜찮으니까."
X → "어제 제출한 4반기 보고서, 8월분 매출합계 금액이 틀렸잖아."
○ → "이번 실수로 어떤 영향이 있을까?"
X → "그러니까 항상 얘기했잖나."

　상사가 엄하게 꾸짖은 것도 아닌데 소심한 나머지 심하게 의기소침해지는 부하가 있다. 이런 타입의 부하는 작은 일에도 전전긍긍하는 데다 모든 걸 심각하게 받아들이는 경향이 있다. 이런 타입을 꾸짖을 때는 다음 3가지에 주의하자.

① 한 번 꾸짖을 때 한 가지만 지적한다

　이 타입뿐 아니라 한꺼번에 여러 가지를 지적하면 듣는 사람도 지겨울 것이다. 또한 어디서부터 고쳐야 할지 우선순위를 정하는 일도 어려워진다.

② 당근과 패스 이론을 이용한다

칭찬하는 '당근'과 중요하지 않은 일은 꾸짖지 않는다는 '패스'를 합쳐 '당근과 패스' 이론이라고 이름 지었다. 사소한 일은 꾸짖지 않고 넘어간다. 어차피 일회성 실수라면 그냥 넘어가도 좋다. 원인을 파악하고 있다면 재발은 방지할 수 있기 때문이다.

중요한 사항을 꾸짖어야 하는데 그다지 중요하지 않은 사소한 일을 필요 이상으로 꾸짖으면 개선해야 할 우선순위를 착각하게 된다. 또한 부하에 따라서는 계속 꾸짖기만 하면 '혼나지 않도록 무난한 일만 골라서 하자'라고 생각하는 사람도 있다.

③ 꾸짖기 기본을 명확하게 해두자

이런 타입은 혼나는 것을 가장 두려워한다. 그러한 의미에서라도 상사는 언제 무슨 일이 일어났을 때 꾸짖는가를 명확하게 해두어야 할 필요가 있다.

이상 3가지에 주의해야 하지만 그래도 의기소침해진다면 다음 방법을 써보자

① '이 부분만 고치면 괜찮네' 하고 문제를 하나로 좁힌다.

이런 타입은 모든 일을 필요 이상으로 심각하게 생각한다. '이것도 저것도' 하고 지적했다간 불안이 증폭될 뿐이다. '이 부분만 고치면 괜찮다'고 안심을 시켜줄 필요가 있다.

X → "어제 제출한 4반기 보고서 잘못됐던데?"

○ → "어제 제출한 4반기 보고서, 8월분 매출합계 금액만 수정해주게. 나머지는 괜찮으니까."

X말투로 말하면 무엇이 틀렸는지를 알 수 없어 부하는 불안이 커진다. 필요 이상으로 크게 걱정하게 만들면 오히려 실수를 하게 된다.

② 질문형식으로 대화한다

X → "이 프레젠테이션 자료는 도대체 무슨 말을 하는지 하나도 모르겠어. 전에도 그랬지?"

○ → "이 프레젠테이션 3페이지 부분은 이해가 안 되는데 설명 좀 부탁하네."

X말투는 전체를 부정하고 과거의 잘못까지 끄집어내고 있다. 결국 부하는 '죄송합니다'라는 말밖에 달리 할 말이 없다. 해결로 이어지지 못한다.

③ 필요 이상으로 일을 크게 만들지 않는다

X → "그러니까 평소에 내가 뭐랬어?"

이것은 실수가 많다는 꼬리표를 붙이는 것과 다름없다. 오히려 실수가 잦아질 수 있다.

○ → **"이번 실수로 어떤 영향이 있을까?"**

실수의 영향이 그다지 크지 않다는 것을 알릴 필요가 있다. 너무 봐준다고 말할지도 모르겠지만 안심을 시켜주는 의미에서 필요하다.

또한 이러한 타입의 부하에게는 '그깟 일로'라고 말하는 것은 금물. 상사가 '그깟 일'이라고 느끼는 정도의 일에 부하는 자신감을 잃을지도 모른다. 여기에는 '자신감을 잃지 마'라는 격려 따위는 소용없다.

6

좀처럼 행동으로 옮기지 않는 부하에게

X → "아직 안 된 거야?"

X → "언제 하겠다는 거야?"

X → "도대체가!"

X → "말만 하지 말고 행동으로 보이라고."

○ → "아오마야 씨, 마음이 무거운 이유라도 있나?"

○ → "우선 어떤 작업부터 시작해 볼 텐가?"

○ → "어떻게 하면 좋을지 함께 생각해 보자고."

계획은 세웠지만 좀처럼 행동으로 옮기지 못하는 부하가 있다. 연말연시의 홍보행사 담당을 맡은 아오먀마 씨도 그런 타입으로 좀처럼 행동으로 옮기지 못하고 있는 듯하다. 회의에서 과장은 다음과 같이 말한다.

상사 "연말연시 홍보행사 준비는 잘 되어가나?"

부하 "아니, 아직 시작을 못하고 있습니다.(큰일이군)"

상사 "아직 시작도 안 했다고?"

부하 "죄송합니다."

상사 "도대체 언제 하겠다는 거야?"

이렇게 행동이 굼뜬 사람들의 특징은 다음 3가지이다.

① 행동으로 옮기지 못한다

말만 그럴싸하고 좀처럼 행동으로 옮기지 못하는 사람 중에는 단순히 방법을 몰라서인 경우도 있다. 사실은 어떻게 하면 좋을지 몰라 상사에게 묻고 싶지만 상사가 '알아서 해'라고만 말한다면 더 이상 묻지 못하는 상황이 되기도 한다.

이 경우 '행동방식을 모르는가?'라는 화법보다는 '뭔가 어려운 일이라도 있나?'와 같은 질문을 하는 것이 부하 입장에서는 대답하기 쉬울 것이다.

행동에 착수할 때까지 상사가 함께해 주는 것도 한 방법이다. 일을 시작한 후에도 끝까지 때때로 진행 상황을 확인해줄 필요가 있다.

② 첫 걸음을 떼어놓을 용기가 없다 (부담이 크다)

감점주의의 영향 탓인지 실패를 과도하게 두려워한 나머지 첫 걸음을 떼지 못하는 부하도 있다.

'아오마야 씨, 마음이 무거운 이유라도 있나?' 하고 속마음을 이끌어내기 쉬운 질문이 좋다.

아마 부하도 불안을 털어놓을 것이다. 물론 막연한 불안인 경우도 있다. 그럴 경우 하나하나 불안을 제거해나가면 좋을 것이다.

그리고 나서 '가장 먼저 어떤 작업부터 시작해 보겠나?' 하고 바로 할 수 있는 작은 일이나 준비에 대해 묻는다. 관계부서로 메일을 보내거나 필요한 비품자료를 요청하거나, 행사회장이나 매체자료를 요청하는 것도 좋을 것이다.

그렇게 하면 행동의 잠금장치가 해제되어 좀더 홀가분하게 일할 수 있게 될 것이다.

③ 잘 보이고 싶어 한다

좀처럼 행동에 착수하지 않는 평론가 타입인 경우, 상사로부터 인정받지 못하는 일이 많다. 다른 사람의 실수를 비웃거나, 도전하려는 사람을 부정하기도 한다. 사람들에게 잘 보이고 싶어 하는 특징이 있다. 이러한 사람에게 '말만 하지 말고 행동으로 보여라'라고 말해봤자 역효과만 부른다.

이 경우 상사가 먼저 다가가 '어떻게 하면 좋을지 함께 생각해 볼까?' 하고 질문하면 좋을 것이다.

또한 예로도 제시된 '도대체가!'와 같은 말은 금물이다. 부하의 행동에 불만이 있는 경우에 무심코 뱉어버리기 쉬운 말이지만 이 말은 부하에게는 질책과 같아서 빨리 이 자리에서 벗어나고 싶다는 생각만 들게 할 뿐이다. 이래서는 해결이 될 수 없다. 꾸짖는 목적은 의식 개선이 아니라 행동 개선이다.

앞선 사례의 경우 다음과 같은 대화였다면 좋았을 것이다.

상사 "연말연시 준비는 잘 되가나?"

부하 "아뇨, 아직 손을 못 대고 있습니다…….(큰일이군)"

상사 "아직 시작을 못했군. 뭔가 아오야먀 씨의 마음을 무겁게 하는 것이라도 있나?"(→ 앵무새 화법+상황에 초점을 맞춘 대답하기 쉬운 질문)

부하 "홍보행사를 맡은 건 처음이라서요."

상사 "그렇군. 그럼 당연히 불안하지. 어떻게 진행하면 좋을까 함께 생각해 보자고."(→ 부하의 기분을 헤아린다+함께 해결해 가자는 뜻을 전한다)

부하 "네, 잘 부탁드립니다.(안도하는 표정)"

상사 "일단 어떤 작업부터 시작해 볼 텐가?"

억지만 부리는
부하에게

X → "어쩌겠어? 방침이 그렇다는데."

X → "잔소리 말고 하라면 해."

○ → "자네는 이 방침의 어떤 부분이 수용하기 힘든가?"

○ → "새로운 방침 가운데 어떤 부분이라면 할 수 있지?"

상사의 전달사항에 억지만 부리는 부하도 있다. 외식사업 체인업체 지역팀장과 부하인 ○○지점의 사사키 점장과의 대화를 사례로 옮겨 보았다.

지역팀장은 사사키 점장에게 아르바이트 인원을 20명에서 18명으로 감원하라는 회사 지시를 전달했다. 이것은 회사의 명령이다. 지역팀장의 이야기를 들은 사사키 점장은 반론을 제기한다. 원래 사사키 점장은 지역팀장의 지시에 억지를 부리는 경향을 보여왔다.

울분이 쌓여 있던 지역팀장이 그만 폭발하고 말았다.

상사 "사사키 씨, 수고가 많네. 오늘은 아르바이트 건 때문에 왔네만 12월부터 2명 감원해서 18명 체재로 가주게."

부하 "그런 말이 어딨어요? 여름에도 2명이나 줄였잖아요? 안 그래도 일손이 모자란 판국인데⋯⋯."

상사 "어쩌겠어? 방침이 그렇다는데.(폭발한다)"

부하 "⋯⋯알았어요.(납득을 못하는 표정)"

이래서는 더 이상 대화를 이어갈 수 없다. 불평만 하는 부하에게도 문제가 없는 것은 아니지만 불평이 나오는 데에는 원인이 있을 수밖에 없다. 생각해 볼 수 있는 원인은 다음 3가지이다.

① 상사에게 불만이 많다

상사가 하는 말에 근거가 없고 '위에서 그러라고 하니까'라는 말로 지시하거나 명령이 자주 바뀐다. 물론 일관성이 없는 지시사항을 전달해야 할 때도 있지만 이런 경우라도 자신의 화법으로 확실하게 전해야 한다. 자신의 화법을 쓸 수 없다면 상사의 존재가치는 없다.

② 현상황에 불만이 크다

부하가 자신의 존재를 인정받지 못하고 있다고 느끼는 사례다. 중요한 업무를 맡지 못한다고 여기고 있다. 자신의 존재를 인정해주길 바라는 마음에서 반발을 하는 경우도 있다. 이럴 경우 부하

자신에게 미팅에서 발표할 기회를 주거나 프로젝트를 맡기면 좋을 것이다.

③ 상사를 부정하는 버릇이 있다.

누가 봐도 억지라는 생각이 들더라도 일단 의견을 받아주자. 받아들이고 찬성할 필요까지는 없다. 그 후에 '어떤 부분이 납득이 안 되는지'를 질문한다. 그리고 불편, 불만을 끄집어내어 행동 개선으로 이끌면 된다. 반대로, 부정하는 버릇이 있는 상사는 '일단 받아주는' 자세를 염두에 두자.

이 경우 다음과 같은 대화가 효과적이다.

상사 "사사키 씨, 수고가 많네. 오늘은 아르바이트 건 때문에 왔네만 12월부터 2명 감원해서 18명 체재로 가주게."

부하 "그런 말이 어딨어요? 여름에도 2명이나 줄였잖아요? 안 그래도 일손이 모자란 판국인데······."

상사 "그렇군, 지금도 사람이 모자란 상황이군."(→앵무새 화법으로 부하의 기분을 진정시킨다)

부하 "네, 어떻게 안 될까요?"

상사 "자네는 이 인원삭감에 관해 어떤 부분을 받아들일 수 있겠나?"

부하 "받아들이는 것 자체가 어렵죠."

상사 "그런가, 하지만 삼분기 매출이 15퍼센트나 떨어졌어. 납득을 못
하는 것도 이해해. 그래도 그중 하나만 받아들인다면?"(→기분
을 헤아린다+경위를 자신의 의견으로 설명하고 하나만 양보한다면 하고
질문)

부하 "알겠습니다. 매출이 떨어졌다면 할 수 없죠. 하지만 12월은 아
르바이트 학생들이 고향으로 내려가야 해서 인원확보가 어렵
습니다. 감축은 1월부터 하시면 안 될까요?"

상사 "그렇군. 본사와 얘기해 보겠네."

포인트는 '어느 부분이라면 타협이 가능한가?' 하는 가정 질문
이다. 부하도 '가능한 부분'을 찾게 된다. '하나만 받아들이겠다면?'
이라는 질문이 좋았다.

한편 이 질문을 하기 전에 '어떤 부분이 받아들이기 힘든가?'
하는 질문에 부하는 '받아들인다는 것 자체가 힘들다'고 대답하고
있다.

난제를 수용하게 하려면 억지만 부리는 부하에게는 가정 질문
이 효과적이다.

8

프로젝트에 열심인 나머지 평소 업무에 소홀한 부하에게

X → "이토 씨, 최근에 작업지시서 보고가 늦어진다고 업무과에서 항의가 들어왔어. 업무에 지장을 주고 있는 것 같아."

○ → "이토 씨가 열심히 해줘서 늘 감사하고 있네. 그런데 아까 업무 부 부장한테 이토 씨가 요즘 작업지시서 보고가 늦는다며 조금 화가 난 기색으로 연락이 왔는데 어떻게 된 거지?"

프로젝트에 매진하는 것은 좋지만 평소 업무가 소홀해진 이토 씨. 기어코 업무부에서 항의를 받고야 말았다.

상사는 다음과 같이 이토 씨에게 전한다.

상사 "이토 씨, 최근에 작업지시서 보고가 늦어진다고 업무부에서 지적이 들어왔어. 업무에 지장을 주고 있는 것 같아."

부하 "죄송합니다……."

상사 "대체 뭐하는 거야? 프로젝트에만 정신이 팔려서. 일단 평소 업 무를 제대로 하라고."

부하 "네……."

이런 대화는 부하의 사기를 떨어뜨릴 뿐이다. 물론 평소 업무가 소홀해진 것은 바람직하지 않다.

그러나 이러한 말투는 마치 프로젝트를 맡고 있는 것이 잘못이라는 인상을 준다. 프로젝트도 중요하다. 평소 업무와 병행해서 처리해야 한다.

그러기 위해서는 우선순위를 어떻게 정할지, 시간 분배는 어떻게 효율적으로 사용할지가 포인트이다. 꾸짖는 것은 행동을 개선하기 위함이다. 위 말투로는 부하를 질책하는 것이지 아무런 해결책이 될 수 없다.

이 경우 다음과 같은 순서로 해결해 보자.

① 우선 열심히 노력하고 있다는 사실을 치하한다

프로젝트를 열심히 맡아하고 있는 것은 사실이다. 이 부분은 인정하고 칭찬해야 한다. 그렇지 않으면 반발심에 상사의 의견을 들으려는 자세를 취하지 않을 것이다.

② '혹시 어려운 일은 없나?'라는 말로 부하에게 대답을 이끌어낸다

어쩌면 많은 업무로 과부하상태가 되어 있을지도 모른다. 하지만 이러한 열심형의 부하는 본인 입으로 과부하상태라 말하지 않는다.

과부하라는 말을 하는 순간 자신에 대한 평가가 내려가지는 않을까를 염려하기 때문이다. 그렇지 않다는 뜻을 상사는 전해야 한다. 자기 자신의 경험을 고백하는 형태라도 좋을 것이다.

'왜'는 사람에게 초점을 맞추고 있어서 질책으로 들을 수도 있으나 '무엇'이라면 사건이나 상황에 초점을 맞추는 대화가 된다.

그렇게 질문함으로써 부하가 스스로 행동 개선을 할 수 있게 된다.

또한 이 경우 다음처럼 말해도 좋았을 것이다.

상사 "이토 씨, 수고가 많네. 어때? 그 프로젝트 기획서는 잘되고 있나?"(→노고를 치하한다)

부하 "아, 네! 과장님, 일은 잘 되고 있습니다."

상사 "잘됐군. 항상 짧은 기한 내에 훌륭한 기획서를 작성해주니 이토 씨에게는 정말 감사하고 있네. 그런데 좀 전에 업무부 부장이 이토 씨가 요즘 작업지시서가 늦는다며 조금 화가 나서 연락을 했더군. 어떻게 된 일이지?"

부하 "죄송합니다. 변명 같지만 프로젝트 기획서를 준비하느라 어쩔 수 없이 뒤로 미루다보니……."

상사 "이토 씨가 바쁘다는 건 아는데 작업지시서는 업무 진행에 빠져서는 안 되는 일이잖나. 그게 없으면 업무부는 움직이질 못한다고."

부하 "죄송합니다. 주의하겠습니다."

상사 "이토 씨에게 업무가 많이 주어진 것 같은데 괜찮나?"

부하 "괜찮습니다."

상사 "나도 과장이 되기 전에 업무를 너무 많이 맡다 보니 불평을 많이 들었어. 그때 상사였던 니시야마 선배님이 배려해 주셔서 업무를 조정했지."(→자신의 실패담을 고백)

부하 "그런 일이 있었군요."

상사 "뭔가 어려운 일이 있으면 언제든 말하게. 업무에 과부하가 걸려 있다면 말해주고. 물론 이토 씨가 솔직히 말한다고 해서 평가가 낮아지거나 하진 않으니까."(→안도감을 준다)

부하 "감사합니다. 괜찮습니다. 매일 아침 30분씩 시간을 내서 작업 지시서 작성과 확인을 하겠습니다."

상사 "좋은 생각이네. 잘 부탁해. 이토 씨는 업무능력이 좋으니까 많은 일을 맡게 돼서 힘들겠지만 믿고 있네. 계속 정진해주게. 프로젝트도 이끌면서 평가도 올라가고 있는데 아깝지 않나."

9

타인에게 책임을 돌리는 부하에게

X → "남의 탓 하지 말게."

○ → "만약 자네에게도 일말의 책임이 있다면 어떤 점일까?"

○ → "다음에도 이런 일이 생기지 않게 하려면 어떻게 하면 좋겠나?"

실수를 해놓고 남의 탓으로 돌리는 부하가 있다.

상사 "지난주 매출보고서에 금액이 잘못 기재돼 있더군."

부하 "아, 업무부에서 잘못 기재했더라고요. 이러면 곤란한데 말이죠."

상사 "무슨 소리야! 자네에게 맡긴 일이잖나. 남의 탓 하지 말게."

이처럼 부하에게 '남의 탓을 하지 말라'고 한들 해결될 문제가 아니다. 애초에 왜 그 부하는 다른 사람에게 책임을 떠넘기게 되었을까.

그 요인은 감점주의가 만연해 있어서이다. 장점보다 단점을 보는 풍토가 있기 때문이다. 부하는 책임을 회피하려고 타인에게 책임을 돌리는 것이다.

이와 같은 부하에게 '자네에게도 책임이 있다'고 말해봤자 반발을 초래할 뿐이다. 실수한 요인을 추궁하는 '왜 실수했는가?'가 아니라 미래지향적으로 질문해야 한다.

질문의 포인트는 '만약 당신에게 잘못이 있다면?', '만약 당신에게도 일말의 책임이 있다면?'이라는 가정 질문이 좋을 것이다. 가정 질문이라면 에두른 표현으로 책임을 자각하게 할 수 있다.

어디까지나 부하의 실수를 추궁하는 것이 아니라 실수를 없애기 위한 대책을 생각하고 있는 것이라는 질문 화술이 좋다.

이 경우 다음처럼 이야기 했더라면 좋았을 것이다.

상사 "지난주 매출보고서에 금액이 잘못 기재돼 있더군."

부하 "아, 업무부에서 잘못 기재했더라고요. 이러면 곤란한데 말이죠."

상사 "그렇군, 업무부 실수였군."(→부하의 대답을 앵무새 화법으로 대응하면서 받아준다)

부하 "제대로 확인해주지 않으면 곤란하죠."

상사 "일리가 있군. 그런데 자네도 확인을 했어야 하지 않나?"(→동의나 부정을 하지 않고 대답을 유도한다)

부하 "그건 그렇지만. 그 부분은 업무부 쪽에서 확실하게 해줘야……."

상사 "그렇군. 하지만 자네한테 부탁한 일이네. 확인 정도는 했어야

지."

부하 "너무 바빠서요. 어차피 그건 업무부 일이기도 하고요."

상사 "알겠네. 자네를 탓하려는 게 아니야. 다음에도 이런 일이 생기

지 않으려면 어떻게 하면 좋겠나?"(→실수를 추궁하는 것이 아니라

고 안심시킨 후 가정 질문)

부하 "알겠습니다. 조금 힘들더라도 반드시 확인 절차를 거치겠습니

다."

10

너무 심하게 혼을 낸
부하에게

X → "그만 기분 풀고 한잔하러 갈까?"

○ → "조금 감정적으로 대해 버렸는데 아직 이해하지 못한 부분이
있나?"

부하를 꾸짖고 나서 '좀 전엔 미안했네'라고 말해서는 안 된다.
이렇게 말해버리면 꾸짖은 의미가 사라서 버리기 때문이다.

부하 입장에서는 '좀 전에 상사가 화를 냈던 건 뭐 때문이지?'
하고 자기 마음대로 해석해버리기 때문이다.

여기서 효과적인 것은 꾸짖은 일은 내색하지 않고 '아, 참! 그
건은 어떻게 됐나?' 하고 일상적인 대화로 돌아가는 것이다.

예를 들어 거래처 A사에서 최근 담당자 B씨의 실수가 잦다는
문제제기를 받았다. 당연히 이 건으로 상사는 담당자 B를 꾸짖지
만 꾸짖은 뒤에는 A사와는 관계없는 것으로 화제를 돌려야 한다.
가령 다음 날 C사에 동행 영업을 나가야 한다면 '몇 시에 만나기
로 했지?'라고 말해도 좋다. 다른 업무의 진행상황에 대해 묻는 것

도 좋을 것이다.

다른 업무 이야기로 화제를 돌리면 된다. 또한 이처럼 꾸짖은 뒤에는 취미나 가족 이야기는 별로 권하고 싶지 않다. 말을 돌리려 애쓰고 있다는 느낌이 들기 때문이다. 업무 실수는 업무로 만회해야 한다. 그러나 감정적으로 꾸짖는 바람에 부하가 의기소침해 있다면 위로하는 것도 필요하다.

'좀 전엔 미안했네'라고 꾸짖은 다음에 사과하는 것은 별로 좋지 않지만 감정적으로 심한 말을 하는 바람에 부하가 너무 충격을 받았다면 별개이다.

단지 이 경우도 꾸짖은 일을 없던 일로 하는 것이 아니라 감정적으로 대한 일에 대해 사과해야 한다.

다음처럼 해보자.

① I메시지의 질문형태로 말한다 "말이 심했을지도 모르겠네."

자신이 의도했던 것이 제대로 전해지지 않아 상대를 불쾌하게 만드는 말을 할 수도 있다. 그럴 때는 상대의 능력부족을 문제 삼는 것이 아니라 어디까지나 상사 자신의 설명에 문제가 있었다는 태도로 설명해야 한다.

② 감정적이 되어 미안하다

솔직히 사과할 수 있는 상사는 신뢰받는다. 그러나 여러 번 되풀이했다간 오히려 신뢰를 잃고 만다. 구체적인 질책내용을 꺼내는 것이 아니라 말이 심했던 것만을 사과하도록 해보자.

또한 흔히 할 수 있는 '기분 풀고 한잔하러 가자'라는 말은 피하는 것이 좋다. 질책을 받은 부하는 상사와 조금이라도 거리를 두고 싶기 마련이다. 하룻밤 정도는 지나야 마음도 진정된다. 심하게 혼나고 나서 상사를 보면 다시 그 일이 생각날 테고, 술을 마시다가 무심코 꾸짖는 장면이 또다시 연출되는 일도 적지 않다. 무엇보다 술이 들어간 상태에서 과거를 끄집어내 화제로 삼는 일만큼은 피해야 할 일이다.

작가의 말

마지막까지 읽어주셔서 감사합니다.

같은 말을 하더라도 조금만 배려하면 부하가 변화한다는 사실을 아셨으리라 생각합니다.

저 자신도 마찬가지였지만, 평소 대하기 불편했던 부하에게는 무의식중에 부정적으로 생각하고 맙니다. 그러나 일단은 상사인 자신이 그런 고정관념을 버리십시오.

그리고 지금까지와는 다른 말을 해보세요. 처음엔 아무런 변화도 느낄 수 없을지 모릅니다. 그러나 계속하다 보면 부하는 반드시 변합니다. 결국 의욕적으로 일하는 부하를 볼 수 있을 겁니다.

부하의 의욕을 이끌어내고 사기를 올리는 것은 그 어떤 광고보다 효과적입니다. 그러기 위해서는 먼저 상사인 당신이 변해야 합니다. 그러면 당연히 부하도 변합니다.

사실 상대를 배려하는 이 화술은 부하를 대할 때뿐 아니라 동료나 거래처, 혹은 가족, 친구, 애인과 같이 사생활에도 적용할 수 있습니다.

이 책에서 말에 따라 얼마나 상대의 마음이 움직이는가를 조금이라도 느끼셨다면 좋겠습니다.

상대의 기분이 좋아지는 밀로 원활한 소통이 이루어진다면 많은 것들이 달라집니다.

저는 말재주가 특별히 좋은 것도 아니고 화려한 실적이 있는 것도 아닙니다. 그러나 어떻게 하면 부하가 기분 좋고 의욕적으로 업무에 매진할 수 있을까를 연구해 왔습니다.

업무 문제의 대부분은 소통이 제대로 이루어지지 않았던 것이 원인입니다. 내용이 같더라도 조금만 말을 바꾸는 것만으로도 큰 문제를 피할 수 있습니다.

'배려하는 말이 부하를 바꾼다!'

이것은 다음과 같이 말해도 과언이 아닐 겁니다.

'배려하는 말이 사회를 바꾼다!'

저는 진심으로 그렇게 생각합니다. 많은 사람이 '상대를 배려하는 말'을 몸에 익힌다면 개인이 변하고 대인관계가 변하고 사회도 변할 것입니다.

이 책에 쓴 것을 실천하여 성과가 있다면 저자로서 이보다 기쁜 일은 없을 겁니다. 당신의 성공담을 기대하고 있겠습니다.

요시다 유키히로